ENTRE MERLIN E DIONÍSIO

Entre Merlin e Dionísio

"Uma magnífica trama de ecologia e mito. Sem dúvida, há uma sujeirinha preciosa (em termos culturais, mas também reais) sob as unhas que relataram esta jornada lírica. Um livro repleto de visões mágicas, que revela a admirável curiosidade e o impressionante conhecimento de Sophie Strand sobre as complexas relações entre os humanos e a natureza."

– Sam Lee, músico e autor de *The Nightingale*

"A sabedoria contida neste livro é quase indescritível. *Entre Merlin e Dionísio*, de Sophie Strand, demonstra a amplitude do vigor e da riqueza do mito."

– Manchán Magan, autor de *Thirty-Two Words for Field: Lost Words of the Irish Landscape*

"*Entre Merlin e Dionísio* é "selvagem" e busca novas formas de recombinação e fusão transformadora, dando-lhes vida. A conclusão surpreendente é: nós, humanos, sempre fomos mais que humanos. Você é suficientemente selvagem para descobrir por quê?"

– Glenn Albrecht, Ph.D., filósofo e ambientalista

"O novo livro de Sophie Strand nos oferece uma luminosa exploração do aspecto mítico radical que subjaz à narrativa masculina. Aqui, os deuses celestes autocráticos e os espadachins dominadores de pessoas e paisagens cedem lugar a um conjunto dinâmico de dançarinos, amantes e libertadores. Sophie Strand nos lembra como esses atores – do Minotauro a Merlin – inspiram pessoas de todos os lugares e gêneros a romperem a camisa de força do controle patriarcal e a se tornarem mais inclusivas, flexíveis, dramáticas e empreendedoras em suas vidas. Envolva-se!"

– Charlotte Du Cann, autora de *After Ithaca: Journeys in Deep Time*

"As palavras de Sophie Strand abrangem tanto a profundidade ctônica de um solo entremeado de micelas quanto os cristais aguçados que se insinuam entre suas hifas. Em *Entre Merlin e Dionísio*, Sophie Strand recupera o solo da cultura ocidental enraizando novamente o Divino Masculino – com toda a sua fertilidade, magia e imaginação – na terra. A prosa generosamente semeada e a profunda erudição de Sophie Strand nos ensinam como recuperar essa energia fértil e hipnótica que vive em todos nós para reatarmos nossa conexão com a Totalidade Viva e nutrirmos o reflorescimento do mundo."

– Asia Suler, autora de *Mirrors in the Earth*

"Os leitores sentirão as palavras deste livro envolvendo seus corações e mentes, formando conexões adaptativas e gerando diálogos com a 'Totalidade Viva' nos recantos selvagens de seus mundos cotidianos. Mitos que permanecem os mesmos não sobrevivem, diz-nos Sophie Strand; ela agita sua varinha mágica na direção da terra e invoca uma sabedoria vital para nosso tempo."

– Gavin Van Horn, autor de *The Way of Coyote*

Sophie Strand

ENTRE MERLIN E DIONÍSIO

O RENASCIMENTO DOS ARQUÉTIPOS DO SAGRADO MASCULINO

Tradução
Caesar Souza e Val Venturella

Editora Pensamento
SÃO PAULO

Título do original: *The Flowering Wand – Rewilding the Sacred Masculine.*

Publicado originalmente nos EUA por Park Street Press, uma divisão da Inner Traditions International, Rochester, Vermont.

Publicado mediante acordo com Inner Traditions International.

1ª edição 2024.

Editor: Adilson Silva Ramachandra
Gerente editorial: Roseli de S. Ferraz
Gerente de produção editorial: Indiara Faria Kayo
Preparação de originais: Júlia Rodrigues
Editoração eletrônica: Join Bureau
Revisão: Bárbara Parente

Dados Internacionais de Catalogação na Publicação (CIP)
(Câmara Brasileira do Livro, SP, Brasil)

Strand, Sophie
Entre Merlin e Dionísio: o renascimento dos arquétipos do sagrado masculino / Sophie Strand; tradução Caesar Souza e Val Venturella. – 1. ed. – São Paulo: Editora Pensamento, 2024.

Título original: The flowering wand: rewilding the sacred masculine
Bibliografia.
ISBN 978-85-315-2384-7

1. Deuses 2. Masculinidade 3. Masculinidade – Aspectos religiosos 4. Masculinidade na literatura 5. Mitologia I. Título.

24-218319 CDD-202.113

Índices para catálogo sistemático:

1. Homens: Sagrada masculino 202.113
Cibele Maria Dias – Bibliotecária – CRB-8/9427

Direitos de tradução para a língua portuguesa adquiridos com exclusividade pela EDITORA PENSAMENTO-CULTRIX LTDA., que se reserva a propriedade literária desta tradução.
Rua Dr. Mário Vicente, 368 – 04270-000 – São Paulo – SP – Fone: (11) 2066-9000
http://www.editorapensamento.com.br
E-mail: atendimento@editorapensamento.com.br
Foi feito o depósito legal.

Dedicado à memória de meus avôs,
Matthew Finn, Dave Tapper e Mark Rogosin

Ergue o negro cajado divino,
O cajado de carvalho e o cajado de pinho,
E veste tua pálida-pele, ornada em pureza
Com branco aveludado, como a nossa.
[...]
Então a terra emana leite, sim, emanações
Com vinho e néctar de abelhas,
E no ar, vagos vapores de perfume
Do olíbano sírio; e Ele,
Nosso líder, do ramalhete de seu tirso
Lança uma tocha cada vez mais alto,
Uma tocha como um fogo de farol,
Para despertar todos os que desfalecem e se extraviam;
E os põe a saltar enquanto canta,
Com seus cabelos cacheados sacudindo ao céu...

Eurípides, *As Bacantes*

Rapazes, não depositem sua confiança
nas atribulações do caminho,
no calor e na rapidez.

Todas as coisas já repousam:
escuridão e luz da manhã,
flor e livro.

Rainer Maria Rilke, *Os Sonetos a Orfeu*

SUMÁRIO

PARTE II

CURANDO AS FERIDAS

INTRODUÇÃO

A Espada ou o Cajado

IMAGINE QUE O GRANDE DEUS DIONÍSIO está diante de você e repousa seu cajado, *tirso*, em seu ombro. O tirso, um cajado com heras, pode ser um caule lenhoso de funcho, desenterrado do chão, ainda com as raízes penduradas e um fino filamento branco de hifa, úmido de orvalho e exalando um perfume de terra. Ele irrompe com folhas, frutos e flores. Quando Dionísio abaixa o cajado para tocá-lo em seu ombro, ele o catalisará em um êxtase místico e, talvez, transforme você em um animal ou em uma planta. Ele o está iniciando, não em uma narrativa patriarcal linear de cavalaria, mas na consciência gestáltica de sua esfera de crenças caótica, vegetal, politemporal.

Queremos entregar ao masculino uma espada ou um cajado florescente?

A espada retalha, divide e subjuga. Sua ponta arrasta fronteiras imaginárias através de ecossistemas. A espada não acolhe. Não conecta. Não faz perguntas. Não é um instrumento de intimidade. Ou ataca ou defende, afirmando que toda interação é conflito, e que toda história tem a ver com dominação e tragédia. A espada, aperfeiçoada pelos romanos como a *espata* (ou espada curta) para a tarefa específica de mutilar e executar prisioneiros, literalmente, extirpa a mente do corpo. Ela propõe que podemos exercer nosso intelecto sem nossa intuição somática e sem nossa existência arraigada em ecossistemas. Ela encapsula a ideia reducionista material de que podemos "cortar" algo em partes discretas e depois compreendê-lo como um todo – que devemos matar o animal para estudá-lo; que se dissecarmos uma quantidade suficiente de cérebros, podemos encontrar os segredos da consciência.

O cajado, por outro lado, cria conexões.

Alguns dos primeiros exemplos de cajados são os apotropaicos feitos de presas de hipopótamo ou "presas de nascimento" usados no Primeiro Período Intermediário do Antigo Egito (1900 AEC), que eram esculpidos com formas de leões, serpentes e sapos e utilizados para proteger, como que por meio de magia, mulheres grávidas e crianças.[1] Alguns consideram que tenham sido usados, especificamente, para desenhar um círculo de proteção em torno de uma mulher em trabalho de parto. Inscrições nesses cajados antigos nos dizem que são

---

1 Ver, por exemplo, "Apotropaic Wands of the Middle Kingdom" [Cajados Apotropaicos do Período Intermediário], de Diane Leeman.

"o protetor da noite" e "o protetor do dia", o que pode indicar uma crença de que ajudavam a estabelecer ordem temporal. Também temos cetros de serpente de Aarão e de Moisés, citados na Bíblia hebraica, que foram usados em debates espirituais, para dividir as águas do Mar Vermelho e para tirar água de uma pedra. Esses cetros mágicos, que variam entre o sólido e o serpentino, fluem no caduceu curativo de Hermes, um cajado alado envolto por duas serpentes. A rabdomancia, ou radiestesia, outrora usou cajados de forquilha de madeira para pesquisar magicamente a terra em busca de água, prática que pode remontar a aproximadamente oito mil anos, como evidenciado pela arte nas cavernas do Tassili n'Ajjer. Homero faz inúmeras referências a cajados mágicos tanto na *Ilíada* como na *Odisseia*, colocando-os nas mãos de Circe, Atena e Hermes. A mitologia celta também apresenta muitos cajados, varas e cetros; por exemplo, na famosa lenda de Fionn MacCumhaill, em que o herói usa cajados para transformar pessoas em animais, como um dispositivo de adivinhação e para se proteger de ferimentos.

O cajado nos envolve de proteção durante ritos biológicos de passagem do nascimento ao casamento e à morte. Nos atrai para a água. Nos coloca em uma relação mais estreita com animais e plantas e com paisagens ao nos transformar, literalmente, neles. Repara corpos danificados, sutura ferimentos e amolece mentes enrijecidas pelo antropocentrismo.

Enquanto espadas são feitas somente por mãos humanas, cajados, podemos argumentar, antecedem os próprios seres humanos. É necessário apenas um galho de madeira florescendo.

Um galho de cedro. Um ramo de espinheiro. Uma árvore repleta de líquens. Por essa mesma razão, talvez, cajados sejam centrais nas práticas de magia e nos rituais desde antes de a história começar a ser registrada.

Quando iniciei minha pesquisa sobre os mitos que mais influenciavam nossa compreensão da masculinidade hoje, descobri que o masculino nem sempre esteve relacionado à violência da hierarquia e da dominação. Muito antes dos heróis lendários que, bradando espadas, derrubavam prontamente florestas, massacravam divindades antigas e se vingavam de seus inimigos, havia muitos deuses, reis com cabeça de animais, amantes perversos, mágicos vegetais, harpistas trapaceiros e bardos enigmáticos. Esses arquétipos de masculinidade antiga são espelhados por descobertas contemporâneas na biologia, na genética, na ecologia e na física quântica. Meu estudo profundo sobre mito e ciência turvou minhas ideias de distinção de gênero e, mais animador ainda, minhas ideias de individualidade delimitada.

Ao renaturalizar os mitos sobre o masculino, devemos compreender que, originalmente, eles estavam situados em ecossistemas particulares. Assim como fungos são corpos frutíferos de micélio subterrâneo, mitos são as manifestações de ecologias específicas acima da terra. Eles são erupções momentâneas de seres que há milênios crescem sob o solo.

Como uma figura mítica, "Orfeu" é compreendido agora como um título em vez de um personagem individual, e profetas líricos ao longo dos séculos seguiram o papel do lirista divino para cantar seus hinos órficos. Dionísio, o deus do vinho, aparece sem aviso, jogando cidades na desordem. Embora evidências arqueológicas mostrem que seja um dos deuses pré-olímpicos mais antigos, ele é, paradoxalmente, personificado como um "recém-chegado" ou "estrangeiro". Dionísio frutifica através do Mediterrâneo em várias cidades, muitas vezes com uma aparência diferente, oferecendo uma variedade de bebidas fermentadas. Mas o Dionísio real é o sistema micorrízico de deuses vegetais, tecendo uma rede que está pronta para ser usada e proliferar onde quer que a sabedoria baseada na natureza, estática, seja necessária.

Nossos mitos textuais são os corpos frutíferos desses deuses vegetais. E, quando temos um corpo frutífero, devemos perguntar: Onde suas raízes estão localizadas? Qual é seu micélio mítico? De onde vem? Se falharmos em responder essas questões, estamos fadados ao equívoco e à confusão.

Em nenhum lugar isso está mais claro do que no caso do prestidigitador analfabeto e contador de histórias conhecido como Jesus. Ele foi desarraigado da ecologia de Galileu pelo império que mais tarde o adotou. Diferente dos deuses vegetais Osíris e Dionísio, seu corpo não voltou para o chão da floresta para nutrir os fungos e completar o ciclo virtuoso de decadência e renovação. Em vez disso, após sua ressurreição, ascendeu ao céu. Seu corpo estava, literalmente, "desaparecido". Não surpreende que seus ensinamentos tenham sido pervertidos em um dogma simplista. Mesmo Jesus não está sequer conectado à terra.

As plantas começaram a se desenvolver pela primeira vez em terra seca há cerca de 416 milhões de anos. Mas essas não eram as árvores frondosas e as flores sésseis que conhecemos hoje. Elas não tinham raízes. Em vez disso, os fungos mantinham essas primeiras plantas conectadas a nutrientes e fixas no lugar por milhões de anos até que os dois desenvolvessem uma evolução convergente. As plantas "aprenderam" a ter raízes com as redes de fungos que as antecederam em mais de meio bilhão de anos.[2]

Cogumelos, visíveis sobre a terra, são a expressão momentânea de fungos que vivem a maior parte de sua existência sob a terra como teias ramificadas cujos fios são chamados de micélios. Essas formas de vida miceliais crescem e exploram o solo e conectam ecossistemas por meio de tubos filamentosos denominados hifas que crescem célula por célula.

Assim como os fungos originalmente ensinaram as plantas a se enraizarem no solo, os mitos nos ensinam a nos enraizarmos em relação aos nossos ecossistemas ecológicos e

---

[2] A origem das raízes de plantas em relação aos fungos é explicada detalhadamente no livro *Entangled Life* [Vida Entrelaçada], de Merlin Sheldrake; no artigo "The Origin and Early Evolution of Roots" [A Origem e Evolução Inicial das Raízes], de Paul Kenrick e Christine Strullu-Derrien; e no estudo "Coevolution of Roots e Mycorrhizas of Land Plants" [Coevolução de Raízes e Micorrizas das Plantas da Terra], de Mark C. Brundrett.

sociais. Eles narrativizam uma profunda compreensão de nossa conexão com escalas de tempo mais-que-humanas.[3] Como o poeta Robert Bringhurst indicou, o mito não é antagônico à ciência, mas é uma ciência alternativa em si. Ele observa: "O mito visa, assim como a ciência, a perceber e expressar verdades irrevogáveis. Mas as hipóteses dos mitos são estruturadas como histórias, não como equações, descrições técnicas ou regras taxonômicas". Enquanto um cientista quantifica a realidade, ele explica, um contador de mitos a personifica.[4]

Mas agora vivemos em uma época estranha, na qual muitos de nossos mitos estão desarraigados. Achamos que temos mitos, mas, na verdade, essas histórias são como plantas domésticas, arrancadas da complexidade do rizoma e do solo e, portanto, incapazes de reflorescer como algo recém-adaptado às nossas condições ambientais e circunstâncias atuais. "Como mitologias e ciências desejam ser verdadeiras, elas estão perpetuamente sob

---

3 A frase *mais-que-humano* foi cunhada pelo filósofo David Abram em seu livro pioneiro de 1996, *The Spell of the Sensuous* [O Encanto do Sensual]. Abram estabeleceu praticamente sozinho os fundamentos para o novo estudo da ecopsicologia, da filosofia sintetizadora e da sabedoria indígena e em suas mentorias tanto com animais como com xamãs ao redor do mundo.

4 Essas linhas vêm do livro de 2008 de Robert Bringhurst, *Everywhere Being is Dancing* [Em Toda Parte Ser é Dançar] (p. 64). Bringhurst é um poeta e estudioso interdisciplinar da língua e do folclore, da tipografia, da filosofia e da ecologia indígenas. Seus escritos sobre viver em uma era de colapso ambiental influenciaram as formulações modernas da ecologia profunda.

revisão", explica Bringhurst. "Ambas degeneram em dogmas quando essa revisão cessa."[5]

Revisão é decomposição. É o reconhecimento de que a maior parte do trabalho ocorre sob o solo. Dionísio compreende que ele deve ser um cogumelo diferente em Creta daquele que foi na Trácia. Nossos mitos devem ter sistemas de raízes que podem regressar para revitalizar o solo, reemergindo com a magia particularmente adequada para essa época de caos ecológico.

Cada mito é o cogumelo de um certo lugar, uma erupção adequada a uma faixa específica de musgo, de depósitos de enxofre, de madeira em decomposição e de chão de floresta. Essas erupções míticas são os momentos em que uma cultura sente a necessidade de se expandir, de encontrar novos alimentos, de mudar de direção. Elas são florescências reprodutivas. Ao entrarem no ar livre, esporulam conhecimento antigo de novos modos. Um herói não é um indivíduo. Um herói é um evento reprodutivo.

Ocorre que nossos corpos são enxames de vivacidade, compostos de micróbios e fungos, metabolicamente dependentes de plantas e animais para ser nutrido, e selvagens, geneticamente entrelaçados a nossas paisagens e comunidades. E esses corpos – nossos corpos – estão sofrendo. Homens. Mulheres. E cada expressão sagrada entre eles. A visão monolítica patriarcal do masculino é ruim para todos e terrível para nossos ecossistemas.

Mas o patriarcado não é a única narrativa. Modos mágicos e mais selvagens do masculino sempre estiveram ocultos logo

---

5 Ver, novamente, Robert Bringhurst, *Everywhere Being is Dancing* (p. 65).

abaixo de nossos pés, e logo abaixo da superfície em histórias e lendas populares que acreditamos compreender. Mas necessitamos retorná-las à terra. Necessitamos enraizar novamente as histórias e os mitos que achamos que conhecemos de volta em seus contextos ecológicos e sociais.

Há um mundo subterrâneo debaixo de nós, onde sistemas semelhantes a fungos sequestraram a sabedoria antiga, mantendo o solo livre de exploração. Chegou o momento de acessar a biodiversidade que ainda vive secretamente nas raízes de mitos familiares. Recuperar uma florescência de expressões do masculino mítico pode nos ajudar a confrontar os efeitos devastadores do patriarcado sobre o ambiente e construir um caminho a seguir em uma época de crise. O que é masculinidade? O que ela significou no passado distante? O que ela poderia significar?

O cajado florescente afirma a natureza holárquica da realidade: somos matrioscas do ser, simultaneamente, compostos de mundos e constituindo mundos maiores, sistemas que podem ser compreendidos somente em sua pluralidade conectiva, em vez de divididos em partes*. Essa visão, apenas

---

* O termo *hólon* se refere a algo que é um todo em si, enquanto também pertence a um todo maior. No livro de 1967, *O Fantasma na Máquina*, Arthur Koestler cunhou o termo *holarquia*, que significa um sistema de interação de *hólons*, no qual cada *hólon* é tanto uma parte como um todo, para explicar a tendência do universo de integrar organismos individuais a sistemas mais complexos. Como podemos pensar nossos corpos como ecossistemas de relações? Como podemos nos ver como relacionalmente entrelaçados ao todo maior de nosso ambiente?

recentemente aceita pela ciência tradicional, é central para muitas crenças indígenas. O etnobotânico Enrique Salmón usa o termo *kincentricidade* (*kincentricity*) com relação ao trabalho do líder comunitário e conservacionista Dennis Martinez para explicar o modo pelo qual sua abordagem baseada no conhecimento indígena para os ecossistemas resilientes e para a restauração ecológica difere do gerenciamento reducionista material de ecossistemas.[6] Complexidade e conexão são a chave para a compreensão recíproca e para cultivar a biodiversidade que pode lidar com pressões climatológicas em mudança e com pesquisas antropogênicas. Nossas relações, nossos parentescos, são o que nos salvará enquanto confrontamos a mudança climática. Vejo o cajado iluminando esse tecido conectivo que cria um mundo vivo e animado, enfocando o estabelecimento de relações entre flora e fungos e fauna.

A espada, firme na outra mão, parece um símbolo adequado do Antropoceno. Pense na espada mais poderosa de todas: Excalibur, puxada pelo Rei Artur de uma pedra. Mas espere. Examine o cabo da espada saindo de uma enorme pedra.

---

6 O etnobotânico e estudioso Enrique Salmón se baseia no conhecimento e nas práticas indígenas com a terra para articular uma ecologia de sistemas de relações em seu trabalho de 2000, "Kincentric Ecology: Indigenous Perceptions of the Human Nature" [Ecologia Kincêntrica: Percepções Indígenas da Natureza Humana]. O livro seguinte de Salmón, *Iwigara: The Kinship of Plants and People* [*Iwigara*: A Relação de Plantas e Pessoas], é um guia prático para incentivar a relação com aliados das plantas nativas norte-americanas.

A lâmina brilhando antes de desaparecer na solidez muda da pedra. Para o que estamos olhando?

Não estamos olhando apenas para uma espada. Estamos olhando para uma penetração estratigráfica do ser humano na Terra. Pois, como uma espada entra na pedra? Tempo. São necessários milhares de anos e de sedimento para engolir a lâmina. Se o Antropoceno é constituído como uma convergência de escalas – a humana e a geológica –, então, a imagem da espada na pedra pareceria o melhor exemplo. O ser humano rompeu a temporalidade linear. Cravou sua "lâmina" no fundo das camadas tectônicas da politemporalidade.

Artur tira a espada da pedra para lutar e provar sua realeza – sua "supremacia" sobre outros seres. Talvez, então, devamos pôr a espada de volta na pedra, deixando-a fossilizar e se tornar um lembrete monumental desse tempo em que saímos da terra, dos animais, das plantas e de nossas formas inter-relacionadas de conhecimento.

Vamos devolver o cajado florescente – o tirso – ao masculino. Deixe-o encontrar a água na terra para que possa protegê-la. Deixe o masculino usar seu cajado para se revestir de outras formas de consciência de modo que possa desenvolver uma empatia ecológica amadurecida. Com o cajado, ele não precisa provar coisa alguma por meio da força. Seu trabalho é se conectar, fechar ferimentos – os seus e os de outros seres e paisagens da natureza. Enquanto usa o cajado, sentirá suas vinhas começarem a serpentear nas próprias veias, a magia do mundo revigorando sua circulação letárgica. E, então, ele, também, pode florescer junto ao seu cajado, externamente, com uma força que é suave, curiosa, conectiva, viril, máscula e celebratória.

~

Uma única voz não pode esperar abarcar a biodiversidade das perspectivas e dos ecossistemas do mundo, e, assim, o objetivo deste livro não é ser abrangente, mas representar um convite.

Sou de ascendência europeia, criada em uma família que, por herança, conversão e casamento, celebrava tradições espirituais cristãs, budistas, judaicas e pagãs. Fui criada em meio a histórias populares e contos de fadas, mitos e lendas, histórias da Bíblia e fantasias de C. S. Lewis e J. R. R. Tolkien.

Também fui criada à sombra de montanhas e de carvalhos, abetos e pinheiros bancos, junto a coiotes, guaxinins, gambás, tartarugas e ursos, com samambaias e cogumelos.

O fato de eu não ter um conhecimento íntimo, ancestral ou ecológico das lendas populares e dos mitos, digamos, do Japão, do Equador ou do Quênia, não significa que não mereçam ser celebrados e renaturalizados. Em vez disso, este livro é um convite a todos para participarem do trabalho narrativo de renaturalizar o masculino. Do ponto de vista histórico, a contação de histórias, tem sido um processo oral e colaborativo.

Meu maior desejo é conversar com você.

PARTE I

De volta às raízes

1

CÉU, TEMPESTADE E ESPORO

De Onde Vêm os Deuses?

Eis que o Senhor tem alguém poderoso e forte, o qual como uma tempestade de granizo e um temporal destruidor, como uma inundação de poderosas águas transbordantes, arremessará para a terra com a mão.

Isaías 28:2 (Versão King James)

O Deus do Antigo Testamento é, acima de tudo, um deus da tempestade. Ele fala a Jó "através do redemoinho de vento" (Jó 38:1). Precipita a inundação que extingue toda vida exceto dos seres na arca de Noé. Talvez, sua pior punição seja a supressão total das tempestades, provocando secas fatais. O profeta Elias quando, por fim, invoca Deus, invoca não um homem ou uma figura cósmica, mas, curiosamente, "uma pequena nuvem... semelhante a mão de homem" (1 Reis, 18:44).

Javé não é o único deus da tempestade. A deusa iorubá Oyá provoca tempestades. Thor brande seu relâmpago, assim como Zeus e o deus celta Taranis. Tamar libera as chuvas na Geórgia, e Bunzi é honrado pelo povo do Congo por trazer as monções. Ísis e Osíris trabalham juntos, no Egito, para invocar as chuvas que enchem os rios que irrigarão os campos agrícolas. Um dos deuses mais antigos é Indra, o deus veda das tempestades, dos relâmpagos, da chuva e dos rios. Estudiosos da mitologia indo-europeia teorizam que ele poderia ser a raiz de outras divindades do trovão como Thor, Zeus e Perun.

Antes da época dos satélites meteorológicos, tempestades eram um capricho – por vezes, um milagre, por vezes, um desastre, e, em geral, imprevisíveis. Chuvas podem destruir civilizações, mas também as abastecem, nutrindo as plantações de grãos que serão assados sob a formato de pão que alimenta a vida. Não é de se admirar que tempestades fossem vistas não apenas como obra do divino, mas como sua manifestação. Relâmpagos cortam o ar espesso, partindo um sicômoro em dois. Gotas de água prateada emanam dos céus. Nuvens violeta brotam do céu e, como uma ferida na pele, doem.

Tempestades parecem habitar o céu, mas estão também intimamente envolvidas com a paisagem. Provocam tornados de areia e transformam mares em ciclones. Fazem rios transbordarem com árvores caídas e detritos, e intimamente esculpem suas histórias inumanas na paisagem. Assim, embora voem e desçam dos céus, deuses das tempestades ainda são elementares; eles ainda são incorporados.

Deuses celestes, por outro lado, são completamente dispersos e não ancorados. Deuses das tempestades, que antecedem o monoteísmo, não começam como deuses celestes, mas rapidamente se tornam deuses desse tipo. Deuses celestes não são feitos de água, areia, fogo e vento. Não podem sequer ser imaginados. São separados do mundo e de seu clima caótico. Esse distanciamento espiritual abre espaço para a abstração que permitirá aos humanos se compreenderem como separados de seu ecossistema.

Mas se eu dissesse a você que deuses das tempestades não vêm do céu? Eles também vêm do subsolo.

Pesquisas sobre a formação de nuvens e a precipitação da chuva produziram resultados interessantes. Um dos operadores por trás da precipitação é algo muito curioso de fato: esporos de fungos. O grupo dos fungos que produz cogumelos, chamado basidiomiceto, cresce por meio de um processo de inflamento por osmose, com suas hifas se vinculando e se enchendo de água a fim de "florescer" sobre o solo.[1] Quando os cogumelos estão desenvolvidos, talos pequeninos (basídios) crescem sob

---

1 Para um estudo mais aprofundado sobre cogumelos, esporos e produção de chuva, ler "Mushrooms as Rainmakers: How Spores Act as Nuclei for Raindrops" [Cogumelos como Produtores de Chuva: Como Esporos Atuam Como Núcleos para Gotas de Chuva], de Maribeth O. Hassett, Mark W. F. Fischer e Nicholas P. Money.

o chapéu do cogumelo, culminando em esporos pequeninos. Uma gota de água se forma entre as guelras sob o chapéu de um cogumelo. Por fim, a gotícula de água se condensa contra o esporo, descartando-o do cogumelo. Em seu livro *Mycelium Running: How Mushrooms Can Help Save the World* [Funcionamento do Micélio: Como os Cogumelos Podem Ajudar a Salvar o Mundo], o micologista Paul Stamets estima que a força com que os cogumelos liberam os esporos corresponde a dez mil vezes a força gravitacional sofrida por astronautas quando saem da atração gravitacional da órbita da Terra.[2] Muitos esporos aterrissam a centímetros de distância do cogumelo do qual saíram. Mas muitos são levados pelo vento, para o céu.

Esporos são praticamente invisíveis, uma partícula de poeira, vaporosa. Mas, embora sejam minúsculos, são numerosos. Mais numerosos do que qualquer outro componente orgânico na atmosfera. A cada ano, cinquenta milhões de toneladas de esporos entram na atmosfera. Alguns deles aterrissarão de imediato na terra e começarão, hifa por hifa, a se enraizar no mundo subterrâneo. Mas milhões de toneladas de

---

2 O micologista Paul Stamets explica detalhadamente a balistosporia, ou a esporulação dos cogumelos, em seu livro de 2005, *Mycelium Running: How Mushrooms Can Help Save the World*. Stamets faz referência ao trabalho do micologista David Arora, que estimou que uma única espécie, a *Ganoderma applanatum,* poderia liberar trinta bilhões de esporos por dia e mais de cinco trilhões por ano. É importante salientar que nem todos os cogumelos produzem uma quantidade abundante de esporos. Alguns são mais conservadores, como o cantarelo, cuja liberação de esporos ocorre uma vez ao mês.

esporos fazem uma coisa completamente diferente. Alguns sobem cerca de oitenta quilômetros no ar e viajam pelas correntes durante semanas. Eles seguem o vento. E, como os deuses das tempestades, geram chuva.

Açúcares na superfície dos esporos fazem com que a água condense em torno deles quando são ejetados. Os esporos se tornam um tipo de núcleo em uma molécula de água flutuante. Esses esporos revestidos de água se chocam, repetidamente, milhões de vezes, até se acumularem em nuvens de chuva.

Em experimentos conduzidos em laboratórios com vários tipos de cogumelos, os esporos criaram uma atmosfera com uma umidade relativa entre 101 e 102%, as mesmas condições de sobressaturação encontradas em nuvens. Pesquisadores concluíram que os fungos exercem uma função-chave em um ciclo de regeneração em florestas e regiões chuvosas.[3] Eles necessitam de ambientes úmidos para crescer em cogumelos reprodutores. Esses cogumelos liberam bilhões de esporos que criam nuvens. Essas nuvens esporuladas, por sua vez, derramam chuva nesses ambientes, criando as condições perfeitas para os cogumelos. Ecossistemas tropicais inteiros são intimamente coordenados por esses enxames invisíveis de esporos.

Considerando esses fatos, podemos conjeturar que, quando degradamos o solo e destruímos comunidades miceliais no subsolo, não só estamos prejudicando o solo como também o

---

3 Esses experimentos são explicados em detalhe em M. O. Hassett, M. W. F. Fischer e N. P. Money, "Mushrooms as Rainmakers: How Spores Act as Nuclei for Raindrops" .

céu. A fonte das chuvas nem sempre está acima de nossa cabeça. Por vezes, está debaixo de nossos pés.

Imagine, então, a pequena nuvem do tamanho de uma mão que Elias viu como uma sinfonia cintilante de bilhões de esporos, cada um aninhado em uma película de água. E se o deus das tempestades, Javé, não fosse singular, mas cintilante com multiplicidade?

Como pode um deus monoteísta celeste governar a terra, os fungos, a realidade excêntrica e *sexy* da vida incorporada, se ele está sempre pairando sobre ela? Como ele pode entender os milhões de acontecimentos diferentes que constituem um ecossistema, se insiste que há apenas uma história e um deus?

O monoteísmo está aprisionado por seu vínculo a um monólogo mítico. O deus celeste pensa que brilho do Sol, abstração e ascensão são as respostas para tudo. Mas o problema com o Sol é que, se não for temperado pela escuridão, pela chuva e pela decomposição, tende a criar desertos em vez de ecossistemas biodiversos. Somos pessoas terrenas que têm cultuado histórias celestes não propriamente adequadas à nossa existência relacional enraizada na terra. Deuses das tempestades esporulados vêm da terra, como nós, então entendem nossa existência abastecida pelo solo e refrescada pela chuva. Eles trazem a sabedoria do mundo subterrâneo e a elevam ao céu, apenas para despejá-la de novo em folhas, gramas e vales, encharcando novamente a terra da qual originalmente emergiram. Deuses celestes encorajam o pensamento linear. Deuses esporais nos ensinam que tudo é cíclico. Sim, por vezes, devemos subir como um esporo ao vento, mas é também importante descer novamente ao nosso corpo e voltar à terra.

Retomo a um dos deuses das tempestades mais antigos, Indra, deus da chuva, que é referido como *maalai venkudai mannavan*, deus da guirlanda de pérolas e do guarda-chuva branco, no mais antigo épico tamil hindu-jainista *Silappatikaram*. A guirlanda de pérolas também é comumente conhecida como rede de Indra, um vasto sistema interconectado de pérolas ou gemas que pendem do céu, com cada gema refletindo um mundo inteiro. A física quântica apresentou a rede como um exemplo de interações quânticas. Essa analogia também tem sido usada para explicar a consciência por pensadores como Rajiv Malhotra.[4] E se a rede de Indra fosse uma coleção brilhante e cintilante de esporos, com cada um atraindo uma gotícula de água e aninhando em uma nuvem de chuva vivificante? Quão apropriado deve ser Indra chegar com seu guarda-chuva branco – o chapéu-guarda-chuva de um cogumelo, saltando do céu para liberar esporos, semear nuvens e silenciosamente abalar a ideia de monoteísmo.

---

[4] Rajiv Malhotra é um ativista e autor hindutva americano. Para mais informações, ver seu trabalho intitulado *Indra's Net: Defending Hinduism's Philosophical Unity* [A Rede de Indra: Defendendo a Unidade Filosófica do Hinduísmo].

2

O HOMEM ENFORCADO É O HOMEM ENRAIZADO

Pensando a Partir dos Pés

TODA VEZ QUE EXALTAMOS A VERDEJANTE inteligência de uma floresta, sabemos onde ela guarda seu cérebro: em suas raízes. Logo abaixo de nossos pés. O cérebro-raiz, espalhado pelo solo, é menos um objeto delimitado e mais um verbo, abrangendo e conectando toda uma floresta de perspectivas.[1]

---

[1] A ideia do "cérebro-raiz" foi proposta por Charles Darwin na segunda metade de sua vida. Com a ajuda do filho, Frances, Darwin publicou um estudo sobre a vida vegetal intitulado *The Power of Movement in Plants* [O Poder do Movimento nas Plantas], no qual conjeturou: "Não é um exagero dizer que a ponta de uma pequena raiz, portanto, dotada [de sensibilidade], e tendo o poder de direcionar os movimentos das partes adjacentes, atua como o cérebro de um dos animais inferiores; com o cérebro estando situado na extremidade anterior do corpo, recebendo impressões dos órgãos sensíveis, e direcionando os vários movimentos".

Sistemas micorrízicos representam diversidade e biodiversidade neural. Pontas de hifas adentram e englobam pensamentos de árvores, plantas, bactérias, solos e até de insetos.

Se nos aproximamos do solo e sentimos o cheiro da terra, estamos cientes de que não somos testemunhas. Somos participantes, um nó de cognição, nesse grande cérebro. Esporos, poeira e microbioma do solo inundam nossas narinas, e então devolvemos, nossa respiração, ao ar da floresta, aos estômatos abertos das folhas de árvores. Não há abstração nem desincorporação. Tudo está ancorado, íntima e carinhosamente, à matéria.

O tarô, para mim, é uma ferramenta útil somente na medida em que se relaciona com meu corpo e com a paisagem. Quanto mais enraízo os símbolos do tarô, mais úteis ficam para me levar a uma participação dinâmica e compassiva com o mundo à minha volta. Um dos melhores exemplos é a carta dos Arcanos Maiores conhecida como o Enforcado.

Tradicionalmente, o Enforcado representa uma pausa, talvez com um toque de desconforto, que mantém a possibilidade de esclarecimento. Com um halo de luz dourada saindo de sua cabeça, a figura está tranquilamente na posição invertida, com um pé amarrado a uma árvore que alguns dizem representar Yggdrasil, a Árvore da Vida na mitologia nórdica. Poderia ele representar o deus nórdico Odin, amarrado a uma árvore por nove dias para que pudesse receber um conhecimento mais profundo e a habilidade de usar as runas sagradas? Sim. Mas será que há uma interpretação que não se dissipa nas cosmologias de outra cultura? Como pode o Enforcado nos ajudar a adentrar de maneira mais completa em nossa vivacidade?

O Enforcado, para mim, é o Enraizado. Ele representa mais do que uma inversão física. O Enraizado inicia uma mudança de perspectiva. Piscamos, e, repentinamente, a terra se torna o céu. O cérebro não é abstraído na cabeça. Vive nas raízes e é constituído por elas. A sabedoria do Enraizado está em tranquilizar nossas ideias sobre paradigmas epistemológicos dominantes e sobre como o conhecimento é obtido.

Primeiro, o Enraizado nos mostra como deixar a compreensão pessoal e somática "afundar no solo" de nós mesmos. Nosso corpo é muito inteligente. Ele é regido por emoções. Registra e responde ao perigo. Regula e estimula nossa respiração, nossos apetites, nossos desejos. Ele dança e flui, funde-se e cria. Como podemos honrar a sabedoria do corpo? Em uma cultura que nos encoraja a ignorar nossas rotinas de sono, nossas dores e sofrimentos, nossas verdadeiras fomes, os ritmos de nosso corpo, é importante que nos reconectemos a esse tipo de conhecimento. Nosso corpo, quando o conhecemos intimamente, tem muito a nos dizer sobre o tipo de remédio e de movimento que pode realmente nos beneficiar.

Mas a sabedoria do Enraizado é mais profunda do que apenas a somática. Quando adentramos mais fundo nas raízes efetivas de plantas, árvores e do micélio, abaixo de nossos pés, o Enraizado diz que não há necessidade de viajar ou de buscar práticas espirituais de outras culturas. Tudo de que necessitamos está aqui. Literalmente, bem aqui, na porção de terra sob nossos pés. O micologista Paul Stamets explica que cerca de 16,38 cm³ da superfície do solo tem mais de doze quilômetros de células de fungos. Com essa medida, ele propõe que um passo impacta cerca de quinhentos quilômetros de micélios. O Enforcado percebe que não tem que viajar para obter conhecimento. Seu objetivo é receber a sabedoria específica, enraizada, da paisagem onde vive, come, respira e ama. Ele não tem sequer que fazer uma caminhada ou corrida. Um passo reverbera pelo solo, enviando e recebendo mensagens por centenas de quilômetros de raízes.

O Enraizado quer que compreendamos a porção de terra que chamamos de lar. Cada pessoa existe em uma paisagem diferente, um sabor diferente de magia disponível. Nosso maior instrutor espiritual não precisa ser comprado ou procurado. Está bem onde estamos. É a própria terra entre os dedos dos pés. O Enraizado deixa nossa perspectiva girar, de modo que a sabedoria da Totalidade Viva da Mãe Terra escoe por nossos pés.

Quando penso no que acredito, a crença de que todas as plantas, criaturas e partes da Terra são animadas e vivas está mais perto de uma forma de animismo. Mas é um animismo de diferença caótica. De contaminação entrelaçada. É uma compreensão de que eu estar viva não significa que deva assumir que a energia vital da colina ou do rio ou das rosas selvagens tenha a mesma qualidade da minha vitalidade. Saber que uma pedra está viva me mantém viva. E saber que uma pedra está viva de um modo diferente de mim me mantém questionadora, humilde e curiosa e aberta à surpresa. Essa é a Totalidade Viva. As diferenças que ferem e picam e que destroem e geram e, por vezes, entrelaçam-se para criar um denso, poluído e belo céu violeta que é a expressão dessa diversidade que é a Totalidade Viva.

O Enraizado pergunta: E se nosso cérebro não está em nossa cabeça? E se está em nossos pés? E se não está inclusive em nosso corpo? E se está no solo e em nossa conexão com a Mãe Terra?

3

ENTRE O NOMINÁVEL E O DESCONHECIDO

A Décima Segunda Noite, de Shakespeare

EM 1602, WILLIAM SHAKESPEARE ESTREOU SUA peça *A Décima Segunda Noite*, uma comédia em que os gêneros são fluidos e cujo título se refere à celebração da Décima Segunda Noite, que ocorre na véspera da Epifania das doze noites após o Natal. Presidida por um assim chamado senhor do mau governo, a celebração da Décima Segunda Noite era caracterizada pela inversão da ordem social e por uma celebração bacântica.

Na peça, o personagem principal marcha pelo palco. Um senhor do mau governo? Ou uma senhora? A aparência de quem interpreta o papel é esbelta. Elegante. Andrógina. "Eu sou todas as filhas da casa de meu pai, e todos os irmãos também", a pessoa jovem declara.

Na Inglaterra elizabetana, todos os papéis tinham de ser interpretados por meninos e homens. Imagine nossa protagonista: um menino, coberto de maquiagem, representando o papel de uma jovem, personificando um jovem, que se parece com o irmão gêmeo. [...] É uma espessa camada de identidade, atuações de gênero e figurino teatral. No fim da atuação, observamos um ser que praticamente brilha em complexa sexualidade, mas que, muito importante, não pode e não será nomeado.

De fato, muitos leitores da peça não notam que a personagem principal *não* é nomeada até a cena final, quando ela finalmente se identifica como Viola. E por uma boa razão. "Nomear o amor muito cedo é uma dificuldade humana bela, mas angustiante", escreve o poeta David Whyte, em seu livro *Consolations* [Consolações]. "A maior parte das mágoas resulta de tentarmos nomear quem ou o que amamos; e o modo como amamos, muito cedo na jornada vulnerável da descoberta."

Na história do Gênesis, quando Adão nomeia os animais, considera a utilidade de cada um, não *per se*, mas em relação à construção de seu mundo, seus apetites e sua vocação como mensageiro criativo de Deus. A própria criação do Gênesis foi uma tentativa disfarçada de uma nova classe sacerdotal de provar o direito do povo judaico à origem, estabelecer um novo templo, concretizar um novo código de lei e defender o direito dos judeus à terra da Judeia.[1] Ao atribuir a Adão o "nomear" de

[1] O contexto histórico e político da composição do *Livro de Gênesis* é explicado em detalhe pela estudiosa Elaine Pagels em *Adam, Eve and the Serpent* [Adão, Eva e a Serpente]. Karen Armstrong traça a

seus pais primitivos e da natureza da criação, essas pessoas reivindicaram a posse de uma ecologia específica. Quando Adão nomeia os animais, inicia a taxonomia edênica:

> E da terra o Senhor Deus formou todo animal do campo, e toda ave do ar; e os levou até Adão para ver como ele lhes chamaria. E como quer que Adão chamasse cada criatura vivente, este era o seu nome. E Adão deu nomes a todo o gado, e toda ave do céu, e a todo animal do campo [...] (Gênesis 2:19-20).

O ato final de Adão é nomear sua esposa, Eva, inaugurando a base religiosa para a posse masculina do feminino. Daquilo que nomeamos, com frequência nos sentimos donos. Aquilo que nomeamos, achamos que compreendemos o bastante para nomeá-lo. E quando acreditamos que chegamos à compreensão, paramos de fazer perguntas. Nos fechamos para a surpresa.

O nomear pode facilmente ser usado como um instrumento de opressão. Invadindo as Américas, missionários e conquistadores europeus erradicaram povos e línguas inteiros, forçando os sobreviventes a adotarem nomes cristianizados e uma nova língua, removendo e reforçando, ao mesmo tempo, seu trauma. Quando os europeus começaram a escravizar povos indígenas e

---

transição do judaísmo oral para uma tradição textual em seu livro *The Lost Art of Scripture* [A Arte Perdida da Escritura]. Para uma história aprofundada das escrituras judaicas, sugiro *The Story of the Jews: Finding the Words* [A História dos Judeus: À Procura das Palavras – 1000 a.C.-1492 d.C.], do historiador Simon Schama.

africanos em colônias nas Américas, deram-lhes novos nomes, parte de um esforço para erradicar suas identidades.

O nomear é muitas vezes combinado à extração de recursos. Nomeamos os ecossistemas que queremos salvar e as terras que queremos destruir. Nomear denota diferenças em utilidade. A preservação das florestas tropicais, por exemplo, é muitas vezes classificada como importante somente quando essas e a biodiversidade que abrigam são apresentadas como "reservas permanentes" de medicamentos, alimentos e recursos para nosso uso. A construção de gênero, inserida no novo Estado tecnocrático global e no capitalismo tardio, é um tipo de nomear como controle, classificando-nos no nascimento. Não surpreende que reivindicar um novo nome, sem contar pronomes não binários, é muitas vezes vivenciado como libertador. Escapamos dos nomes e das restrições impostos por nossos pais, instituições, opressões culturais, na tentativa de nos "possuir" com a magia de um nome que nós mesmos escolhemos.

Em *A Décima Segunda Noite*, Viola não se nomeará – ou determinará seu gênero muito cedo. Ela entende que seu papel é recusar definições. Servir como algo mais importante que um papel determinado. Ao se disfarçar de homem e se tornar uma serva do duque Orsino, ela oferece seu serviço como mensageira entre ele e a fonte ambivalente de sua afeição, a senhora Olívia. Quando Olívia pergunta pela primeira vez à disfarçada Viola seu nome, Viola responde com facilidade: "Sou o mensageiro", aludindo, talvez, ao significado mais antigo da palavra: anjo. Ambas as palavras do grego antigo e do inglês medieval para anjo, *angelos* e *aerendgast*, são intercambiáveis para designar mensageiro. Dessa perspectiva, Viola é a intermediária sagrada. Como anjos eram considerados originalmente hermafroditas, assim é Viola, oscilando como um palimpsesto de gênero.

Tanto o duque Orsino como a senhora Olívia se apaixonam por Viola, a interlocutora entre nós de expressão de gênero, em vez de se apaixonarem um pelo outro, os signos determinados do gênero de cada lado do falso binário. Viola é o nexo de desejo. O envoltório sagrado. A mensageira entre gêneros, e também o corpo muito real da indeterminação de gênero – um fluxo constante entre o masculino e o feminino.

Essa relação entre o anjo/mensageiro hermafrodita e o duque Orsino parece ser um terreno fértil para um novo tipo de masculinidade. Como os homens podem aprender com as mulheres a acessar o feminino dentro de si mesmos? Como honrar nossa "ambi-valência" pode levar o cortejo a um terreno mais igualitário, divertido e recíproco do que os modos patriarcais de romance que parecem convidar à violência e dominação sexuais? Como podemos honrar a Viola que oscila entre nós e cada um de nossos entes queridos? O anjo de nossos desejos combinados? O lugar em que nossos gêneros trocam núcleos e se fundem em um festival digno de um senhor do mau governo?

Sou um homem? Uma mulher? Ambos? Vamos esperar pela resposta. Respostas tendem a finalizar histórias. E se, como

Viola, vivenciássemos a pergunta? Vamos declarar a celebração da Décima Segunda Noite onde todos, brevemente, despojamo-nos de nossos nomes. Talvez, livres das histórias às quais pensávamos que estivéssemos limitados, chegaremos a narrativas mais férteis sobre o que significa incorporar o masculino.

4

O MINOTAURO LEVA O MASCULINO DANÇANDO DE VOLTA À VIA LÁCTEA

Mitos Necessitam de Movimento

Pasífae copulou com o touro e deu à luz o Minotauro, conhecido no mito. Essa criatura, dizem, tinha uma forma dupla, com as partes superiores do corpo até os ombros de um touro e as partes restantes de um humano. Para ter um lugar onde manter essa coisa monstruosa, Dédalo, diz a história, construiu um labirinto, cujos corredores eram tão sinuosos que aqueles não familiarizados com eles tinham dificuldade de sair; nesse labirinto o Minotauro era mantido e ali devorou os sete jovens e as sete donzelas que foram enviados a ele de Atenas.

DIODORO SÍCULO, *BIBLIOTECA HISTÓRICA* 4.77.1

Diz a história que o Rei Minos de Creta desobedeceu aos deuses ao se recusar a sacrificar um touro sagrado. Em retaliação, o deus Poseidon fez com que a esposa de Minos, Pasífae, ficasse enamorada do touro, e ela, então, copulou com ele, gerando uma criança monstruosa com chifres. Pouco se diz sobre as más ações do Minotauro, mas, apesar disso, ele é considerado perigoso, ou ao menos repulsivo o bastante, de modo que deve ser isolado em um labirinto no qual não se pode entrar nem sair com facilidade.

O jovem Teseu, de Atenas, vem para o resgate, cortejando a irmã do Minotauro, Ariadne, de modo que ela revela os segredos do labirinto. O herói patriarcal mata o Minotauro, conquista o coração da princesa de Creta e zarpa para mais aventuras, descartando-a em outra ilha quase tão rapidamente quanto a reivindicou.

Teseu estabelece o padrão para a ação heroica: o cavaleiro ou guerreiro que mata o dragão, o monstro, a Górgona. O herói contextualiza seu valor e propósito, pressionando e derrotando o adversário. Mas quem é o adversário? É realmente um monstro? E se eu dissesse a você que havia um segredo em cada mito de morte de dragão e derrota da besta que você já ouviu? E se esse segredo fosse frágil e trágico? E se por trás de cada monstro famoso houvesse uma mãe? Quando digo "mãe", não me refiro literalmente a uma mãe humana singular nem mesmo a uma mulher. Mãe indica uma cosmologia matriarcal baseada na natureza. Um modo de ser reverente à terra, baseado na terra, que é assassinado e subsumido a um panteão de deuses do Sol "solarizados".

Vamos começar com o básico. "E a Terra era sem forma e vazia; e havia trevas sobre a face do abismo. E o Espírito de Deus se movia sobre a face das águas", começa o Gênesis, um texto que, como estudiosos concordam, foi provavelmente compilado durante o exílio babilônico e influenciado pelas mitologias sumérias da época. Na Bíblia hebraica, *abismo* – de "a face do abismo" – é *Tehom*. Como o estudioso A. E. Whatham salienta, para cativos babilônicos, Tehom teria tido uma ressonância muito diferente do que apenas "abismo". Eles saberiam que o Tehom do Gênesis está diretamente ligado a Tiamat, a deusa-mãe do mar dos mitos babilônicos da criação.[1]

Nas primeiras encarnações, Tiamat era reverenciada como um símbolo do mar primordial que deu origem à toda a criação. Contudo, embora a religião babilônica esteja em uma continuidade rizomática com a religião suméria, as traduções das cosmologias não foram pacíficas. Tiamat passou a ser vista como uma cobra ou dragão gigante ameaçador. Ela serve como um dos exemplos mais dolorosos e claros de uma mãe transformada em um monstro, justificando seu assassinato na narrativa.

---

[1] A relação direta entre o Tehom do Gênesis e a Tiamat do *Enuma Elish* é reconhecida por muitos estudiosos. A. E. Whatham documentou as evidências textuais e históricas dessa relação em seu ensaio de 1910, "The Yahweh-Tehom Myth" [O Mito Yahweh-Tehom].

A transformação das culturas de deusa-mãe da Idade do Bronze, ou sociedades de parceria, como Riane Eisler as chama em *O Cálice e a Espada*, começou com o influxo violento das tribos indo-germânicas no Mediterrâneo, dizimando populações existentes. Joseph Campbell, entre outros, caracterizou a mudança cultural resultante como uma subjugação da devoção à deusa lunar pelo culto ao herói solarizado.[2] Em outras palavras, reverência à natureza se transformou em dominação da natureza.

O mito mais conhecido sobre Tiamat, o *Enuma Elish*, caracteriza a deusa-mãe do mar como abominável. Ela tem uma cauda, Udders. É enorme e perigosamente poderosa. Seu neto, Marduk, chamado "bezerro solar", inveja seu poder, teme sua habilidade de dar à luz divindades e monstros e a destrói do modo mais obsceno possível, explodindo seu corpo, despedaçando-a. Imagens babilônicas dessa batalha mostram o direcionamento da lança de Marduk matando Tiamat e as lendas posteriores de São Jorge e o dragão. De um modo similar, as religiões maternas mais antigas da deusa do submundo Inanna, a deusa do mar Nammu e outras madonas neolíticas da regeneração e do nascimento vegetais afundaram na água

---

[2] Joseph Campbell popularizou a teoria segundo a qual a cultura da deusa lunar foi subjugada pelos heróis solares do Norte em sua série de livros sobre mito e religião comparativa, *The Masks of God* (*As Máscaras de Deus*). Para uma análise feminista do movimento da cultura do final da Idade do Bronze ao monoteísmo da Idade do Ferro, recomendo *The Myth of the Goddess: Evolution of an Image* [O Mito da Deusa: Evolução de Uma Imagem], de Anne Baring e Jules Cashford.

abaixo do brilhante olho solar dos novos deuses celestes e seu panteão de heróis.

A mitologia do touro sagrado e do labirinto antecedem muito os mitos gregos. De acordo com a pesquisa do aclamado mitologista Karl Kerényi e escritos da estudiosa Anne Baring, essas histórias remontam ao período Neolítico Pré-Palaciano de Creta (7000 a 1900 AEC), antes da invasão grega e da queda da cultura minoica em 1775 AEC.[3]

Minha proposta é que a mitologia dos touros sagrados é ainda mais antiga do que essa. Imagens de touros podem ser vistas nas pinturas da caverna de vinte mil anos em Lascaux, França. De 4000 a 3500 AEC, como Joseph Campbell descreve em seu livro *The Masks of God – Vol. 3 – Occidental Mythology* (*As Máscaras de Deus – Vol. 3 – Mitologia Ocidental*), cultos ao gado se espalharam pela Mesopotâmia, criando o que ele afirma ser um panteão pré-homérico, pré-olímpico dominante de deuses-touros lunares e deusas do mundo subterrâneo. Chifres e cabeças de touro cerimoniais foram desenterrados em muitos assentamentos neolíticos e do começo da Idade do Bronze, incluindo as protocidades de Çatalhöyük (Anatólia, hoje parte da Turquia) e Harappa (região do Vale do Rio Indo,

---

[3] O estudo abrangente de Karl Kerényi, *Dionysos: Archetypal Image of Indestructible Life* (*Dioniso: Imagem Arquetípica da Vida Indestrutível*), começa com uma análise completa da história minoica e da mitologia do Minotauro. O arquétipo do deus-touro é também discutido em detalhes em *The Myth of the Goddess* [O Mito da Deusa] mencionado anteriormente.

atual Paquistão). Mais recentemente, os egípcios cultuavam uma versão de touro do deus Osíris, chamada Ápis, e também reverenciavam chifres e cabeças de touro.

Quando olhamos para os mitos gregos – repletos de monstros, estupros, roubos e bravura heroica –, temos que nos lembrar de que muitos desses mitos são traduções de histórias mais antigas, ou ao menos fusões de duas mitologias concorrentes: uma focada na reverência à natureza e às deusas-mães, e a outra caracterizada por heróis violentos e uma "solarização" de deuses e símbolos sagrados. O domínio lunar do labirinto repousa, como o palimpsesto, sob o perímetro iluminado do Monte Olimpo, oscilando dentro e fora do panteão grego. Esse domínio não desapareceu quando as tribos indo-germânicas subjugaram as populações mediterrâneas mais antigas. Mas, desarraigados e replantados em um novo e violento ecossistema mitológico, deuses mais antigos se tornaram monstros assassinos, e deusas acabaram em princesas impotentes.

Vejamos mais uma vez o mito do Minotauro. E vamos analisar atentamente o que arqueólogos e historiadores conseguiram reconstruir sobre a vida em Creta, a cultura que Riane Eisler afirma ter sido a rica precursora do patriarcado. "Uma das coisas mais surpreendentes sobre a arte neolítica é o que ela *não* retrata", ela observa. "Pois o que um povo não retrata em sua arte nos diz tanto sobre ele quanto o que retrata."[4] Antes da

---

[4] Riane Eisler fornece uma excelente análise de evidências arqueológicas cretenses em seu livro seminal *The Chalice and the Blade* (*O Cálice e a Espada*).

queda da cultura minoica, Creta não tinha muros resistentes. E, mais importante, não há representações de violência ou guerra em sua extensa produção artística.

Em vez disso, a natureza em toda sua fecundidade selvagem é retratada em afrescos, mosaicos, recipientes de bebida, estátuas e insígnias. Espirais, chevronados semelhantes a cobras, vegetação e animais dominam as imagens. Mulheres conduzem rituais com seios semicobertos. Deusas são rodeadas por leões. Homens quase não aparecem, na maior parte das vezes, estão em posições que sugerem admiração e reverência, erguendo os braços a uma deusa ou animal. A morte não é retratada; nem o sofrimento. Prazer físico, touros, reverência lunar, comunhão com a natureza e divindade feminina são predominantes. Mas acho que o tema dominante aqui não é um objeto, mas a conectividade fluida entre esses símbolos. A cultura minoica – a origem do Minotauro – é caracterizada pelo movimento, pela própria dança.

O estudioso cretense Nikolaos Platon, em seu *Guide to the Archaeological Museum of Heraklion* [Guia do Museu Arqueológico de Heraklion], pondera sobre a cultura minoica: "O movimento é sua característica reguladora; as figuras se movem com adorável graça, os desenhos decorativos giram e rodopiam, e mesmo a composição arquitetônica está aliada ao movimento incessante que se torna multiforme e complexo". Em nenhuma parte, isso é mais bem revelado do que nas várias imagens da "dança do touro", na qual mulheres e homens jovens cretenses parecem saltar e brincar com touros. Alguns especularam que isso é parte de um ritual de sacrifício, terminando com a morte do touro como um substituto para um rei lunar. Outros acreditam que os próprios dançarinos fossem o sacrifício, sendo perfurados pelos chifres letais do touro. Mas em nenhuma parte das imagens há sangue ou morte. O que temos é dança. A cultura cretense é, em essência, cinética. A divindade é atingida não por meio de individualismo heroico, mas por meio de um jogo conectivo e dinâmico. Deus não habita nos jovens saltitantes ou no touro que ataca, mas é constituído intersticialmente entre as figuras em movimento. A própria dança é o divino.

O Minotauro é, portanto, um dançarino. Seus chifres, como os do touro sagrado, ecoam a forma da lua crescente e os ritmos lunares que acolhem luz e escuridão. O Minotauro era o deus da mutabilidade e do movimento. Ele representava a interface fluida e agradável entre os seres humanos e o mundo animado remanescente.

Quando Teseu mata o Minotauro, não está matando um monstro. Está matando uma cultura inteira – uma cultura cretense dominada pela imagem de uma divindade feminina, rodeada por leões e touros, celebrando a comunhão epifânica com o mundo natural.

Do mesmo modo, Apolo, deus da ordem, da esterilidade, da razão e do lado esquerdo do cérebro, mata Píton, a serpente protetora do Oráculo de Delfos, filho da deusa de Mãe

Terra Gaia. Cobras são, por tradição, símbolos de deusas.[5] Estão, literalmente, próximas da terra, impondo toda sua força de vida cinética e trêmula contra ela. Na mitologia, podemos ver a morte ou a humilhação de uma cobra como uma anuência à destruição das sociedades de parceria, do culto à natureza e da devoção a deusas.

Perseu igualmente mata a deusa-cobra Medusa. Robert Graves e Joseph Campbell achavam que o mito de Perseu muito provavelmente referenciasse a invasão dos helenos (arianos/gregos) do século XIII AEC, os quais atacaram os principais santuários da deusa na bacia mediterrânea.[6]

O mito de São Jorge matando o dragão é uma sobreposição direta do Cristianismo, que tentou por mil anos eliminar as tradições animistas pagãs europeias. Quem é o dragão? Poderia ser Cailleach ou Morrigan da Irlanda. Poderia ser os milhões de mulheres, heteronormativas e *queer,* que foram assassinadas durante a Inquisição por suas práticas espirituais pagãs.

---

5 Algumas das primeiras imagens de deusas-mães, pintadas ou entalhadas em pedra durante o período inicial do neolítico, colocam-nas junto a cobras ou com formas distintamente serpentinas. O capítulo 1 de *The Myth of the Goddess*, de Baring e Cashford, intitulado "In the Beginning: The Paleolithic Mother Goddess" [No Começo: A Deusa-Mãe Paleolítica], apresenta evidências e análises arqueológicas dessa tendência iconográfica.

6 Com base no trabalho de Grave, Campbell desenvolve esse argumento no vol. 3 de *As Máscaras de Deus*. Ele argumenta que as invasões históricas do século XIII AEC são rearticuladas miticamente em figuras como Medusa e Perseu.

Quem é o monstro das lendas de hoje? Hoje, vemos um excesso de cobertura midiática acerca das mudanças climáticas. A biosfera se tornou o monstro? Toda tentativa de criação tecnológica capaz de lidar com as consequências das mudanças climáticas, em vez de ajustar e interromper nossos comportamentos abismais, concebe a Terra como um monstro e a humanidade como os "heróis" que devem controlá-la, domá-la e salvá-la. Tecnonarcisistas são os novos Marduks. Os novos Teseus. Eles querem que o mito do progresso resolva o caos mais antigo (embora recém-investigado sob os domínios da física quântica e dos cilindros de gelo) de sistemas emergentes e da inteligência biosférica. A Terra não sabe o que é melhor, nossas culturas insistem. Nós sabemos o que é melhor. E devemos progredir cada vez mais na direção de um controle maior.

Antes de ser reconhecido como um monstro anônimo pelos gregos, o Minotauro tinha um nome: Astério, ou "o iluminado". Seu nome pode ser uma referência à constelação de Touro ou ao surgimento de Sirius, um evento que está correlacionado aos festivais cretenses e à produção de hidromel sagrado.[7] Assim, quando pensamos sobre o Minotauro no labirinto, talvez estejamos realmente vendo um sistema solar. O Minotauro é a estrela-guia. Os cursos do labirinto em formato de espiral são os

---

[7] Em *Dioniso: Imagem Arquetípica da Vida Indestrutível*, Karl Kerényi mostra que o touro-monstro era, muito provavelmente, um deus-touro reverenciado em conexão com eventos astronômicos como cometas e meteoros.

caminhos de planetas, objetos, seres e poeira galáctica, presos na atração divina de um núcleo com chifres.

E cada estrela deve ter sua Ariadne, a qual podemos ressuscitar após ter sido derrotada na mitologia de Teseu. As tabuletas lineares B encontradas no palácio cretense de Cnossos dizem: "[...] e para a senhora do labirinto, um pote de mel".[8] Essa oferenda nos mostra que a senhora associada ao labirinto é sagrada, honrada com um presente de doçura selvagem. Em *The Myth of the Goddess*, Anne Baring e Jules Cashford indicam a preponderância de touros no mito: o touro de Pasífae, o Minotauro, o deus Poseidon associado a um touro e, por fim, o salvador de Ariadne, Dionísio; o deus-touro com chifres, que a resgata do exílio na ilha de Naxos. Interpretando as imagens, podemos consolidar todos os touros em um núcleo no centro do labirinto. O Minotauro não é mais o irmão traído de Ariadne. Ele é Astério, seu parceiro no movimento sagrado; aquele do enxame de abelhas na colmeia, dançando enquanto fazem o ritual do mel de Ariadne e o da dança do touro com seus parceiros humanos, saltando, girando e atacando.

A despeito da preponderância das imagens e dos mitos do labirinto, nenhum resquício de labirinto foi encontrado em Creta. Gostaria de propor outra interpretação: o labirinto nunca foi um objeto estático ou um lugar. Nunca foi um corredor de pedra. Em vez disso, foi um evento. Um ritual de dança em

---

8 Um estudo das tabuletas lineares B pode ser encontrado no artigo de A. P. Judson, "The Mystery of the Mycenaean 'Labyrinth'" [O Mistério do 'Labirinto Micênico'] incluído em *SMEA NS* 3, pp. 53-72.

honra ao touro e ao surgimento anual de algumas constelações. Cada "corredor" era uma cadeia de mãos humanas, um giro serpentino de gestos. O labirinto sempre foi apenas a relação sagrada entre pessoas dançando – em êxtase e coreografados –, inscrevendo os padrões do céu na simples sujeira do chão.

Se o Minotauro oferece alguma coisa ao masculino, é o poder curativo do movimento alegre e expressivo. O movimento que entende que está sempre em diálogo com outros animais, com o tempo, com a textura e com a inclinação da paisagem entre os dedos de nossos pés. Deixe o masculino aprender a dançar novamente. E como o Astério das estrelas, ou iluminado, quanto mais dançamos, mais as pessoas serão atraídas à nossa órbita de celebração participativa e exultante.

Por fim, deixe o Minotauro ficar como um lembrete: não há monstros. Somente reescritas ruins de histórias esquecidas.

5

A LUA PERTENCE A TODOS

Medicina Lunar para o Masculino

A MASCULINIDADE É LUNAR. O GÊNERO é lunar. A sexualidade é lunar. A paisagem é lunar. Corpos, líquido em formato de carne, são marés de alienação, constantemente mudando suas margens internas. Ser lunar significa mudar – estar cheio e completo em uma noite, e cansado e recluso em outra.

O que é o masculino? O masculino não pertence a um tipo de corpo específico. O masculino, como a lua, é mutável. Não há destino final para a masculinidade. Ela oscila. Engrossa. Rompe. Flui. Ela se anastomosa, hifa micelial por hifa micelial, através do solo. Muitas das primeiras figuras mitológicas que "re-enraizamos" são lunares. Estão conectadas à noite, à deusa da Terra, ao touro e ao mundo subterrâneo. Como plantas, sempre dão flores específicas, adequadas aos seus ambientes. Mas quando dão frutos, cogumelos esporulam, enviando seus minúsculos esporos ao vento para repovoarem o solo de algum outro lugar. Por que não pegar uma carona em um desses esporos míticos e conduzi-lo a um ser mitológico que não está preso a um lugar ou uma língua específicos? Um ser que todos podemos acessar, toda noite, de qualquer lugar.

A masculinidade patriarcal é dolorosamente estática. Pense no choque cultural coletivo quando uma celebridade masculina usa um vestido para uma cerimônia de premiação. Homens são limitados, não apenas do ponto de vista narrativo, mas visualmente, recebem camisetas e calças e espera-se que progridam, passo a passo, em histórias cada vez mais calcificadas de realização e força. Essa não é uma expressão de gênero. Expressão implica movimento e criatividade. A masculinidade patriarcal permanece a mesma e se mantém estática.

À medida que a mudança climática intensifica a probabilidade de eventos ambientais imprevisíveis, flexibilidade é fundamental. Isso é detalhado melhor pela ideia de resiliência ecológica, desenvolvida pelo etnobotânico Enrique Salmón. Resiliência ecológica é um modo de descrever dinâmicas não lineares em ecossistemas. Em outras palavras, qualquer ecossistema é resiliente apenas até o ponto em que consegue se adaptar e se remodelar como resultado de choques em seu sistema. Estamos entrando em uma era de choques, como os últimos anos de uma pandemia, incêndios florestais e furacões nos mostraram. Os organismos já sabem que devem permanecer leves; sabem que devem permanecer mutáveis.

A biologia nos mostra que a natureza sabe como permanecer adaptável. Nossas células são o resultado de uma mutabilidade colaborativa. Salamandras e cogumelos podem mudar de sexo de acordo com alterações nas pressões ambientais. A expressão sexual, para muitos seres, é ecologicamente flexível. A *Saccharomyces cerevisiae*, uma levedura usada na fabricação de vinho, também tem a habilidade de mudar de sexo. A lua é um medicamento que pode nos ajudar a ter uma flexibilidade similar. Ao reconhecer nossa habilidade lunar de mudar e circular, podemos nos preparar para um futuro incerto a cada mês, "lua-mente", desenvolvendo uma nova musculatura mítica.

Pessoas que têm útero sempre souberam que corpo e consciência são cíclicos, estão ligados a um ritmo que é maior do que o indivíduo. O ciclo é de 28 dias, de lua cheia a lua cheia. *Lua* soa como um nome ou substantivo. Mas vamos nos lembrar de que *lua* é um verbo no gerúndio. Sempre se movendo. Sempre "lua-ndo". É tempo de devolver ao masculino seu conhecimento lunar. Úteros incham, anseiam, revestem-se e liberam em 28 dias. Mas um útero não é apenas um órgão. É um convite que qualquer um de qualquer fisicalidade e expressão de gênero pode aceitar. É um convite para dançar dentro da mudança por 28 dias. Para praticar suavidade por um ciclo. O masculino também tem um útero. Uma lua. Tudo que necessita é olhar para o céu à noite.

O que é a sabedoria lunar? Mesmo em uma noite de lua nova, a lua ainda está presente: repleta e inteira, embora também vazia e oclusa. Essa é uma conclusão que mantém suavemente a perda dentro de seu corpo. É claramente resumida pelas palavras poderosas de Octavia Butler: "Deus é mudança".[1] A lua é cada gênero, cada sexualidade, basicamente ambas, sempre trans: aumenta e diminui. A lua sempre flerta com a completude ou com o vazio apenas por um momento breve e tênue antes de cair na mudança. Aqui está nosso Dionísio misturado, andrógino. Embriagada de vinho, entumecida de amor, arrastada pelo vento, em união extática com o santo, a lua nos encoraja a dissolver nossos limites em vez de afirmá-los.

O conhecimento lunar nos mantém flexíveis. Nos mantém resilientes. A admiração, seja somática ou espiritual, nos transforma.

A alternativa ao patriarcado e aos deuses celestes não é igual e oposta. Não é um patriarcado com uma mulher sentada em um trono. O Sagrado Masculino não é um guerreiro com chifres que reverencia sua imperatriz impassiva. O divino, embora nos inclua, é basicamente inumano. Mutável. Basicamente verde. Muitas vezes microscópico. E está em toda parte. Intersticial e relacional. A luz e o escuro. A luz da lua na água em movimento. O pote lunar onde todos nós nos misturamos, amamos e mudamos.

---

1 A frase "Deus é mudança" aparece originalmente no romance de ficção científica apocalíptico de Octavia E. Butler, *A Parábola do Semeador*.

6

TORNANDO-SE UM LAR

A Carta da Imperatriz Adota o Masculino

No tarô, a carta da Imperatriz é manteiga derretida, favo de mel, pulso refulgente de uma lua cheia refletida na água do lago. É difícil dizer onde a Imperatriz termina e o cenário começa. Um riacho flui em direção à sua túnica, que é enfeitada com romãs, o símbolo de Perséfone e do submundo. Repousa como se em seu cabelo linhoso não tivesse o peso de uma coroa de doze estrelas, simbolizando o número de meses do ano e os planetas. Estrela e solo. Água e frutos. O trigo dança, fazendo cócegas nos dedos de seus pés. Árvores estão ao redor de seu trono resplandecente. Sua mão segura um cetro. O símbolo de Vênus brilha no canto, lembrando-nos de que a beleza é sagrada, o amor é ritual e a fertilidade é uma relação entre nosso corpo e a terra. Seu colo é amplo e espaçoso, convidativo a um amado ou a uma criança.[1]

E é isso que a carta da Imperatriz mais representa para mim: um colo acolhedor, um lar, uma casa. Um campo de gorros azuis e tremoços selvagens, onde você vai estender sua toalha de piquenique e preparar um lanche para compartilhar com amigos e quaisquer fadas, pássaros ou abelhas que decidirem se juntar. Ela é a anfitriã *e* o lar da anfitriã. A mesa arrumada com vinho e peônias frescas. Amigos, de bochechas coradas, compartilhando histórias, com os cotovelos acidentalmente descansando no prato de sopa. A porta está aberta e convidativa. O fogo aceso e os cantos limpos. Milefólio desidratado e artemísia estão dependurados nas vigas.

Centenas de anos de binários simplistas nos levaram a acreditar que o fogo da lareira é cuidado pelo feminino, enquanto a caça ou o mundo externo é governado pelo masculino. O homem é acolhido no lar, alimentado e cuidado, mas nunca é o colo do conforto. Ele governa o lar, mas não tem permissão de "ser" o lar.

Agora existem *chefs* masculinos no âmbito das celebridades, tratando a comida como se fosse outro país a explorar e

---

1 Para uma análise abrangente das imagens nos Arcanos Maiores do tarô, sugiro o livro *Seventy-eight Degrees Of Wisdom: A Tarot Journey to Self-awareness*, de Rachel Pollack. [*Setenta e Oito Graus de Sabedoria: Uma Jornada de Autoconhecimento Através do Tarô e seus Mistérios*. São Paulo: Pensamento, 2022.]

dominar. Homens são donos de companhias de moda e de propriedades. Possuem lares. Mas o que significa *incorporar* um lar? Transformar-se nesse espaço sagrado que convoca a comunidade, a conversa e a família? Com que frequência vemos o masculino como uma cozinha recém-limpa com um pote de morangos e *chantilly* no peitoril da janela? Uma vasta extensão de terra não cultivada, pronta para ser semeada, repleta de flores silvestres e polinizadores nativos?

Somos cada vez mais estrangeiros no lar de nosso próprio corpo: ensinados a ignorar nossos apetites sutis e mudanças de necessidades, ensinados a medicar sintomas em vez de curiosamente indagar sobre as causas básicas. Explodimos nossos microbiomas com antibióticos e dispersamos feromônios que outrora cuidadosamente nos sintonizavam para escolhermos os parceiros sexuais corretos. Pessoas que têm útero ouvem que a menstruação necessita ser tratada com medicação como se fosse uma doença. Alimento é visto como combustível, não como sacramento. Tratamos nosso corpo como um veículo que podemos dirigir à exaustão e depois substituir. Trabalhamos arduamente para abstrair nossa mente de nosso lar físico mais sagrado.

A carta da Imperatriz é um pedaço aveludado de musgo. Uma poltrona confortável. Ela pergunta: "Seu corpo é um lugar macio para pousar? Você abre a porta para seu coração e dá um suspiro de alívio, mergulhando no conforto de seu desejo e sentido de beleza?".

Há uma metáfora maravilhosa para a Imperatriz: a planta-jarro púrpura. A planta não é instantaneamente convidativa. Suas folhas magenta se enrolam para formar tubos verticais, parecendo menos com uma flor e mais com um órgão exposto. Essa bromélia é uma das infames plantas carnívoras que se desenvolveu para capturar e digerir insetos e répteis estranhos. Mas há algo único sobre a planta-jarro púrpura. Quando é jovem e necessita de sustento, seus tubos capturam e digerem todo tipo de ser. Quando fica mais robusta, suas enzimas digestivas se enfraquecem e o interior de suas folhas tubulares vivem uma transformação dramática. A partir desse instante, a planta-jarro se transforma em um lar para uma variedade de larvas de dípteros, algas, bactérias, ácaros, fungos e protistas. Essas populações são chamadas *comunidades inquilinas*, ou seja, fazem da casa de outros a sua. Elas nutrem a planta-jarro com seus dejetos.[2]

Em sua maturidade, a planta-jarro se torna mais do que apenas uma planta. Transforma-se em um lugar nutritivo e acolhedor para uma diversidade de seres. Vejo uma mesa com comida onde representantes de diferentes espécies vêm para

---

2 Plantas-jarro e suas comunidades inquilinas são explicadas pelo ecologista Matt Candeias em seu livro, *In Defense of Plants* [Em Defesa das Plantas]. Para uma investigação detalhada sobre comunidades inquilinas em bromélias, ver o estudo de 2020 de K. J. Gilbert *et al.*, "Tropical Pitcher Plants (Nepenthes) Act as Ecological Filters by Altering Properties of Their Fluid Microenvironments" [Plantas-jarro Tropicais (*Nepenthes*) Atuam como Filtros Ecológicos ao Alterar Propriedades de seus Microambientes Fluidos].

relaxar e compartilhar histórias de várias mitologias. A planta-jarro é o espaço acolhedor à luz de velas onde narrativas e ideias opostas se encontram e se fundem e começam a entender como conviver.

Como seria se transformar em um lar acolhedor? Um lugar onde diferentes histórias, crenças e seres pudessem levar um prato, rir e compartilhar? Como seria voltar para casa; para nós mesmos? Comprar flores para colocar na mesa de nossos desejos? Cuidar do corpo como se fosse uma sala que necessitasse ser limpa, com suas janelas abertas para o ar primaveril com aroma de tília?

A carta da Imperatriz convida o masculino. Não temos de governar o lar. Podemos relaxar e nos tornar o lar. Quanto mais sagrados tornamos nossos espaços, mais sentimos o chamado para criar magia nesses lugares. Peço-lhe que cuidadosamente preste atenção ao seu corpo como um lugar de refúgio e comunidade. Quanto mais férteis nos permitimos ser, mais temos a compartilhar com outros. À medida que a planta-jarro cresce, aumenta a capacidade de acolher outros seres e histórias em seu corpo.

Vamos nutrir nosso corpo, nossos sonhos, nosso coração, de modo que possamos nos tornar um colo para aqueles que necessitam de um lugar macio para repousar. Deixe que a carta da Imperatriz nos transforme no campo onde flores silvestres, ursos, melros, luz do sol, cogumelos, chuvas de monção e luz da lua se encontram para dividir o pão.

7

DIONÍSIO

O Deus com Face de Menina, do Enxame, da Colmeia, da Vinha e da Mente Emergente

Veja, o Filho de Deus chegou a esta terra.
EURÍPIDES, *AS BACANTES*

EMBORA TEBAS SEJA MUITAS VEZES IDENTIFICADA como o lugar de nascimento de Dionísio, o retorno do deus do vinho à sua terra natal é ainda vivenciado como a chegada de um estrangeiro. Dionísio é repetidamente chamado de o deus "estrangeiro". Os gregos, que são muitas vezes identificados de forma incorreta como os cultuadores originais da divindade do vinho, não consideram, de fato, que Dionísio tenha começado nesse panteão. Ele sempre está vindo do mar, de outra terra estranha. Quem foi esse homem de cabelos longos e aspecto jovem, vestido com roupas de mulher, com o poder de transformar homens em videiras, mulheres em leopardos vorazes e predatórios e água em vinho?

Dionísio é um deus-touro. Um deus-uva. Um deus-leopardo. O deus das mulheres. O deus da androginia e da brincadeira. O deus da hera e das espécies invasoras.[1] Os hinos órficos, uma coleção de poemas gregos escritos em torno dos séculos VI e IV AEC, têm um prazer especial em acumular epítetos e nomes para Dionísio em vez de se comprometerem com apenas um. Veja, por exemplo, "Hino Órfico 30 a Dionísio", de *Orphicorum Fragmenta*, de Otto Kern, 1922:

Chamo Dionísio o rugidor-ruidoso! Aquele que uiva de júbilo!
Primogênito, de duas naturezas, nascido três vezes, rei báquico,
Selvagem, inescrutável, críptico, com dois chifres, com duas formas,
Decorado com heras, com face de touro, beligerante, uivando, sagrado,
Vítima divina, festejado ano sim, ano não, adornado com uvas, decorado com folhagens.
Evvouléfs, conselheiro, Zefs e Kóri carregaram você [...]

---

[1] Para uma coleção completa de fontes e textos primários sobre Dionísio e o panteão grego, ler *Anthology of Classical Myth: Primary Sources in Translation* [Antologia do Mito Clássico: Fontes Primárias na Tradução], compilado por Stephen M. Trzaskoma, R. Scott Smith e Stephen Brunet. Além desse, Karl Kerényi tem uma análise antropológica e poética de fontes primárias em *Dioniso: Imagem Arquetípica da Vida Indestrutível*.

Em um leito secreto, daimon imortal;
Escuta, feliz, minha voz, doce e gentil inspiração divina,
Tendo um bom coração, com a ajuda de suas amas castas!

Ele nasceu três vezes. Ele é primogênito. Ele é vários. E os mitos dionisíacos que sobrevivem acentuam essa natureza instável. Dionísio perturba nosso desejo por uma narrativa discreta e individual que segue aquela flecha do tempo adiante. Ele é imediatamente micelial em suas histórias de nascimento, ramificando-se em diferentes direções a partir de uma variedade de pais e locais.

Uma versão popular começa com o deus Zeus seduzindo a princesa humana Sêmele, filha de Cadmo, um antigo herói grego e fundador da cidade de Tebas. Mas Sêmele não é um nome grego. A historiadora Marija Gimbutas, entre outros estudiosos, postula que Sêmele representa uma forma de Semla, uma antiga deusa da Frígia mencionada por Homero, Eurípides e Ovídio. Dionísio e a mãe, então, podem estar conectados às populações frígias que existiam antes dos invasores jônios chegarem e colonizarem sua mitologia.[2] Zeus, um novo deus

[2] As origens mitológicas de Sêmele são discutidas pela especialista em Idade do Bronze Marija Gimbutas em seu livro *The Living Goddesses* [As Deusas Vivas]. Linguistas debatem se Sêmele deriva da palavra protoindo-europeia "Terra". É interessante notar que *seme* significa "semente" nas atuais línguas eslavas. Em seu artigo "Non-Iranian Origin of the Eastern-Slavonic God Xŭrsŭ/Xors" ["Origem Não Iraniana do Deus Leste-esloveno Xŭrsŭ/Xors"], o professor de linguística Constantine

dos trovões e dos topos das montanhas, copula com uma antiga fonte primitiva feminina ou deusa da terra. Isso ilustra a crença do culto órfico de que Dionísio é filho de Zeus com a deusa da terra Deméter. Em um acontecimento particularmente horrível, Sêmele é morta pelo poder cósmico de Zeus quando estava no meio da gravidez. Desolado, ele gesta o zigoto de Dionísio na própria coxa.

Dionísio, então, nasceu de um homem e uma mulher. Desde o início, ele é uma mistura de gêneros e também de elementos e culturas, de modo que não surpreende quando lendas nos contam que nasceu com chifres de touro ou se transformou em um filhote de cabra. Seu nome remonta a 1250 AEC; está registrado na tabuleta linear B encontrada em Creta, na versão mais antiga do grego micênico. Mas podemos assumir que existisse ainda antes disso pelos temas recorrentes de chifres em histórias sobre seu nascimento. Ele é um herdeiro dos chifres do Minotauro e, assim, está conectado às narrativas da Totalidade Viva.

Mas, diferente do Minotauro, Dionísio não está preso a um lugar, nem permanece como um touro. Ele, por outro lado, tem uma "face de menina". É "assustador", "frenético" e "prudente". É antigo, inclassificável e paradoxal. A única constante de Dionísio é sua mutabilidade: metade humano, metade deus, nasceu em meio à transformação, seus cabelos enrolados como

---

Borissoff sugere que Sêmele poderia ser "um elo importante que liga os antigos cultos trácios e eslovenos".

um enxame de cobras e com chifres brotando de sua cabeça. Ele é criado em uma montanha. Em um palácio. Em um bosque. Por sua tia. Por um sátiro. Por mulheres. Por elementais – ninfas, espíritos da natureza e sátiros. Ele é criado como um bode e como uma menina para protegê-lo da esposa ciumenta de Zeus, Hera.[3]

O importante é que, quando Dionísio chega, não é como um herói solitário de Joseph Campbell buscando pelas origens ou por um graal ilusório. Nem sequer como um salvador apocalíptico com um plano específico para a humanidade. Não. Dionísio chega sorrindo, viril, vegetal, incorporado e com o graal já na mão. Ele tem seu cântaro (um vaso com alças usado em cerimônias) cheio de fermento e seu tirso (cajado) florescente conduzindo o caos vegetal.[4]

Dionísio não está em uma busca. Não está procurando por coisa alguma. Em vez disso, visita cidades e culturas para compartilhar o sacramento que já obteve. Vinho e hidromel. Dança e música devocional ao ar livre. E os segredos de uma existência paleolítica participativa com a natureza.

---

3 Dionísio é profundamente consagrado na clássica tragédia ateniense *As Bacantes*, de Eurípides. Muitas de nossas ideias sobre sua forma física e seu comportamento derivam da popularidade duradoura desse drama atroz.

4 Pesquisas fascinantes sobre bebidas específicas consumidas por seguidores de Dionísio têm sido desenvolvidas. Um livro recente, *The Immortality Key* [A Chave da Imortalidade], de Brian C. Muraresku, explora a conexão entre cervejas consumidas em cemitérios no período Paleolítico, os mistérios eleusinos e o culto a Dionísio.

Dionísio chega como cogumelos após uma noite de chuva: todos ao mesmo tempo. Ele é sempre o estrangeiro inesperado, com o ímpeto de seu cajado florescente no ar como um para-raios, simbolizando a conexão com seu pai-trovão. Embora suas celebrações tenham se tornado fixas no calendário do domínio romano, no início foram caracterizadas como milagres do cogumelo, que surgiam a todo momento, sem qualquer pretensão ou planejamento.

Sistemas emergentes são caracterizados como sistemas que funcionam por um conjunto de diferentes entidades. Eles representam o momento em que o caos se funde em padrões sincronizados e relacionados a uma complexidade que é totalmente imprevisível. Exemplos são as murmurações de estorninhos, tornados e cardumes de peixes. Dionísio nunca aparece sozinho. Ele sempre tem a companhia de plantas, leopardos, leões, mulheres, sátiros ou cabras. Está coberto de cobras e uvas. Sua presença inteira cintila e oscila: entre gêneros, entre espécies, entre novo e velho, entre conhecido e desconhecido.

Dionísio e suas celebrações eram semelhantes a comportamentos emergentes. Quando um número suficiente de pessoas percebia sua presença, sentiam o cheiro do hidromel fermentando em colmeias inundadas pela água da chuva, sentiam vinhas restringindo e tocando os muros da vida civilizada, uma exaltação caótica resultaria em um novo comportamento de grupo. O bacanal supremo. O frenesi extático das mênades, quando grupos de mulheres, tal qual bandos de leões, buscavam por presas nas encostas, atuando como uma mente felina para buscar o antigo banquete de carne crua e sangue.

Dionísio, como a própria vida, fundindo, consumindo e reciclando a matéria, ama estar envolvido. Ele se comporta como sua vinha simbólica; se entrelaça, se entremeia e abraça. É uma folhagem de faces, uma rede de conexões, em vez de uma identidade monoteísta determinada.

Dionísio é um exemplo perfeito de um micélio mítico. Sim, é antigo. Ele é mais profundo que os panteões e as culturas que o celebram. Mas sempre que chega a uma nova cidade ou lugar, ele "refrutifica". Ele se adapta às circunstâncias, sabendo que será mais útil se mudar sua forma física e espiritual para se adequar às necessidades específicas da ecologia e da cultura locais. Cada cogumelo de Dionísio é diferente. Talvez, portanto, seja mais adequado dizer que nasce sempre, em vez de seus epítetos clássicos de nascido duas e três vezes. Cada vez que seu micélio subterrâneo frutifica, nasce com aspecto jovem e mutável e ajustado para uma certa emergência mítica.

Em sua habilidade de avaliar e se adaptar às circunstâncias variáveis, Dionísio se comporta como um cogumelo adaptogênico. Adaptógenos são mecanismos biológicos curiosos. Embora não sejam completamente endossados pela medicina ocidental (como muitas práticas holísticas não reducionistas), adaptógenos têm sido usados por séculos em muitas culturas para ajudar o corpo ou sistema imunológico a chegar ao equilíbrio homeostático. Em vez de terem uma abordagem específica e direcionada para a cura, cogumelos adaptogênicos são dinâmicos e flexíveis. Uma vez consumidos, realizam qualquer equilíbrio específico e individualizado que seja necessário. Eles se adaptam ao ecossistema de um corpo humano. São mutáveis, comportando-se de maneira inteligente à medida que parecem escolher a melhor abordagem para os desequilíbrios biológicos. E, embora esses cogumelos se adaptem aos nossos sistemas, também ensinam nossos sistemas imunológico e nervoso a serem mais flexíveis e capazes de improvisar.[5]

A inteligência adaptogênica repercute no conceito de resiliência ecológica, de Enrique Salmón. Adaptógenos melhoram a capacidade do corpo de se adaptar a condições variáveis. Um ecossistema é saudável na medida em que pode se adaptar e retornar à homeostase. Por exemplo, o famoso cogumelo reishi, ou *Ganoderma lucidum*, meu adaptógeno favorito, estimula o sistema imunológico e ajuda na recuperação das glândulas adrenais, cansadas da superprodução crônica de cortisol em resposta ao estresse. Foi também relatado, em estudos com camundongos, que ele promove neurogênese, o crescimento e reparo de tecido nervoso no corpo e no cérebro.

---

5 Uma explicação útil dos benefícios imunológicos dos cogumelos pode ser encontrada no estudo de 2014, "Immune Modulation from Five Major Mushrooms: Application to Integrative Oncology" [Modulação Imunológica de Cinco Cogumelos Importantes: Aplicação à Oncologia Integrativa], de Alena G. Guggenheim, Kirsten M. Wright e Heather L. Zwickey.

Quando comemos reishi, ele se adapta às necessidades e perturbações nos ecossistemas de nosso corpo. Do mesmo modo, quando Dionísio chega, chega de maneira flexível e caótica, avaliando onde necessita plantar videiras e nutrir com hidromel fermentado e alimentos o bioma narrativo perturbado de uma cultura. Dionísio não é estático. Não está escrito na pedra. Flui como uma fonte. Encontra sua forma no vazio (ferimento) que necessita de cura. O melhor de tudo é que, quando trabalhamos com heróis adaptogênicos, deixando-os fluir em novas formas para se adequarem às nossas necessidades – quando contamos uma história diferente sobre um deus antigo –, eles podem atuar como o reishi à medida que nos ensinam, também, a sermos mais flexíveis. Eles não apenas melhoram o domínio mítico. Melhoram a experiência biótica, metabólica e vivida de estar em um corpo. Eles nos ajudam a lidar de forma prática com os estresses do cotidiano.

A cada dia necessitamos de rotinas, alimentos e experiências diferentes para manter nosso corpo fluido e nutrido. A vida é imprevisível. Requer improvisação. E aprendemos a ser ágeis contando histórias fluidas e flexíveis. Diferentes estações exigem dietas e movimentos diferentes. Diferentes ambientes e microbiomas de solo exigem narrativas diferentes do mundo subterrâneo micelial.

Vamos devolver ao masculino a capacidade de se frutificar e de ser novos cogumelos que se adequam às circunstâncias variáveis e às relações mutáveis. Vamos presenteá-los com flexibilidade fúngica para experimentarem com expressão criativa, espiritual e sexual, sabendo muito bem que adaptabilidade é sobrevivência. Quanto mais o masculino puder se adaptar, maior será a capacidade de resistir a ventos fortes e ao caos. Com Dionísio, podemos nos lembrar de nossos sistemas de raízes mais profundas e pré-patriarcais que nos ajudam a permanecer equilibrados, embora ainda capazes de oscilar em uma tempestade. Vamos devolver à masculinidade seu cajado florescente de relação recíproca com o mundo natural. Vamos chamar Dionísio aos portões de nossas cidades e nossos lares. Um homem que pode dançar com plantas e honrar bestas, que pode ser uma mulher, um andrógeno e um animal é mais do que um gênero. É uma celebração. Uma colmeia de abelhas zunindo. Uma rede secreta de fungos prontos para emergir à medida que o ar se umedece. Uma murmuração de pássaros. Um cacho de uvas. Uma multidão de mulheres cantando. Um mago.

8

MERLIN CRIA LAÇOS PARA CRIAR REINOS

Uma Multiplicidade de Mentes e Mitos

Coloco acima de todas essas coisas a floresta, os carvalhos frondosos de Calidon, as altas colinas, os pastos verdes em seu sopé – aqueles são para mim, e não essas coisas. Pegue de volta seus bens, Rei Rodarco. Minha floresta de Calidon rica em nozes me receberá: desejo-a acima de tudo o mais.

GEOFFREY DE MONMOUTH, *VITA MERLINI*

POR MEIO DE LENDAS QUE SE estendem até o século VI, Merlin, o mago, o famoso conselheiro dos reis, "aparecerá" para ensinar reis, coroá-los, distribuir poesias e sabedoria e oferecer profecias cujos temas envolvem apenas o mundo animal. Mas, como descrito nas histórias de Geoffrey de Monmouth e no *Annales Cambriae*, do País de Gales, ele enlouquece e busca refúgio na floresta.[1] Quando retorna ao mundo humano, está com frequência vestido com penas e acompanhado de um rebanho de cervos, porcos e lobos. Merlin ensina reis a governarem, mas seus ensinamentos não vêm do mundo humano, mas, sim, do reino da Totalidade Viva, com todas as suas multiplicidades ferozes, peludas e improváveis.

A origem da história de Merlin introduz sua capacidade para mediar a relação entre animais e humanos. Ele cria laços com outros seres ao literalmente se transformar neles: "Fui um atum de barbatana azul, um cão, um cervo, um cabrito-montês [...]" – a lista (do País de Gales do século XIII) prossegue.[2] Merlin é muitas vezes comparado ao bardo Taliesin, e diz a lenda que a deusa Cerridwen transforma Merlin/Talisien em um bardo ao fazê-lo passar por "existências" em que vive como uma série de plantas e animais. A sabedoria de Merlin não é conceitual. É somática. Vivida. Sua mitologia não é

---

[1] O clérigo britânico do século XI Geoffrey de Monmouth é considerado o precursor da historiografia britânica. Suas histórias, cheias de dragões e magia, são menos históricas e mais ficcionais. Ao compor essas histórias, Geoffrey usou um amálgama de mito, folclore e anais. O estudioso Nikolai Tolstoy, em seu livro *The Quest for Merlin* [A Busca por Merlin], sugere que podemos atribuir a Geoffrey a criação do personagem Merlin a partir de várias figuras históricas e míticas.

[2] O poema galês remonta ao século XIII e é encontrado no Mabinogion, um manuscrito do século XIV que compila as primeiras tradições orais galesas. Embora de autoria desconhecida, o poema foi tradicionalmente associado ao bardo Taliesin e seu equivalente Merlin.

calcificada por uma perspectiva humana singular. No ensaio "Singing with the Frogs" [Cantando com os Sapos], presente em seu livro *Everywhere Being is Dancing*, Robert Bringhurst reconta como o povo ifugao do norte de Luzon, nas Filipinas, realizava eventos em que cada sacerdote contava a história de um espírito simultaneamente – uma polifonia de seres, representando cosmogonias entrecruzadas, por vezes dissonantes, por vezes ressonantes. *Polifonia* é definida como a combinação de melodias independentes para criar uma textura musical complexa. Opõe-se à *monofonia*, em que se predomina apenas uma voz ou instrumento, e *homofonia*, em que se destaca uma única textura musical.

Ecologia é polifonia. Uma floresta de mentes inumanas. Merlin sabe que é daí que deve vir sua inspiração – não de uma fonte, mas de todas elas ao mesmo tempo.

Em uma época de monocultura e de uma mitologia única, de fazendas de árvores e de tomates que vêm da prateleira do supermercado, é importante compreender que mitos sem mudanças não sobrevivem. Ou, pior, deixam claro que *nós* não sobreviveremos reforçando o comportamento predatório sem adequações a nossos ecossistemas. Eles não se adaptam às mudanças climáticas e nas condições sociais. Devemos compreender que contar histórias não é um evento humano. É uma relação. Uma reciprocidade extática com a Totalidade Viva. Uma relação que está constantemente mudando e evoluindo.

Esse é o presente de Merlin. Como o falcão que traz seu nome, ele voa para a frente e para trás entre a floresta e o forte do rei. Ele sabe que quando entra nas árvores não está em um mundo inerte. Sabe que está em um mundo de mentes, e para cada mente – mente-pedra, mente-grama, mente-líquen, mente-cervo – há um mito, um modo de criar significado. Essa não é uma fazenda de árvores homofônica, mas uma polifonia de seres, voando, enraizando-se, dormindo, verdejando, derretendo, triturando-se até à poeira mineral. Na floresta não há um mito único. E, mais importante, não há uma mitologia única. Essa multiplicidade de histórias oferece uma paisagem saudável, um bioma mitológico abundantemente diverso e resiliente para um reino.

Um rei é responsável por muitos, de modo que deve respeitar e ter um desejo de estar em comunhão com muitas mentes. Como a filósofa Isabelle Stengers insiste, devemos, de algum modo, tomar decisões na presença daqueles que lidarão com suas consequências.[3] Merlin não só compreende isto: sua iniciação transespécies lhe mostrou que, quando tomamos decisões na presença de outros seres, estamos nos envolvendo – partilhando um cérebro-raiz – com essa vivacidade. Um reino não é uma progressão linear em direção à unidade

---

[3] O conceito de culpabilidade, parafraseado em *Staying with the Trouble* [Permanecendo com o Problema], de Donna Haraway, originou-se no livro da filósofa da ciência belga Isabelle Stengers, *Cosmopolitics I* [Cosmopolítica I]. Stengers defende uma "ecologia de práticas" na qual a ciência (e outros projetos epistemológicos) é definida não pela polêmica, mas pela interdependência sobreposta. Podemos expandir essa ideia para nossas vidas. Precisamos trabalhar através das espécies e das crenças, para honrar e desenvolver nossas conexões com nossos ecossistemas.

homogênea. Um reino é uma composição polifônica de histórias, vozes, melodias, plantas e geologias. Merlin não pode permanecer na corte do rei por muito tempo, compartilhando a sabedoria cada vez mais estagnada. Assim como sua história continua sendo atualizada por poetas, historiadores, estudiosos e autores, ele se mantém novo ao continuar retornando à floresta com diferentes perguntas.

Mas o artifício mítico de Merlin não é a caça nem a captura utilitária do patriarcado. Essa é a mão hesitante estendida à pomba desolada. A renda branca do matsutake tocando o pinheiro. Merlin se mantém flexível criando laços. Ele não compreende o reino ao ensinar reis a conquistá-lo, mas ao ensiná-los a como se relacionarem com uma biodiversidade de histórias. Seu ensinamento é simples: quando você precisar de um conselho, não procure sempre outro ser humano. Procure a floresta. Os animais. O tempo. A castanheira americana, quase extinta, mas de algum modo ainda de pé atrás de seu apartamento. Crie novos laços. Conte novas histórias.

9

JOSÉ, O VEGETALISTA SECRETO DO GÊNESIS

Plantas Usam Homens para Sonhar

E eles disseram uns aos outros: Eis que está vindo o sonhador. Vamos, pois, matá-lo e lançá-lo numa cova, e diremos: Algum animal o devorou, e veremos o que se tornará os seus sonhos.
GÊNESIS 37:19-20

NO GÊNESIS, JOSÉ É O FILHO favorito e mais novo de Raquel e Jacó. Como seu famoso pai, ele é inclinado a visões e ao misticismo. Infelizmente, comete o erro de partilhar com sinceridade suas intuições com os irmãos mais velhos, homens que ele considerava seus familiares e amigos íntimos, mas eles o jogam em uma cova e o vendem para escravidão. José termina desembarcando no Egito, onde, por meio de sua proeza intuitiva, torna-se o vizir do rei.[1]

Aqui, vemos um homem que, como Dionísio, não se conforma a papéis rígidos de gênero. O Gênesis nos conta várias vezes que José chora. Sonha. Veste um manto ornamental de cores brilhantes. E, mais reforçador ainda, dá vazão aos sonhos de plantas – do trigo, em particular. O superpoder de José é sua sensibilidade ao domínio imagético vegetal. Isso é o que termina mobilizando seus irmãos maliciosos: José conta a eles um sonho em que feixes de trigo o reverenciavam. Os irmãos veem esse sonho como arrogância. Quem é José para achar que pode ter sonhos proféticos? Quem é ele para achar que pode receber sonhos de plantas? Ou de Deus?

Mas e se o sonho de José tivesse menos a ver com estruturas hierárquicas e mais com iniciação ecológica? E se, em seu sonho, o trigo estivesse o reverenciando como um símbolo de vocação vegetal? José está sendo convidado a seu papel de sonhador para ser o intermediário entre plantas e pessoas. No Gênesis, José oferece uma voz para a sabedoria do trigo.

O etnobotânico e poeta Dale Pendell escreve sobre a tradição de "plantas sonhadoras" ainda existente na América do Sul: "Junto ao alto Amazonas [...] há yachaqs que aprendem xamanismo direto com os doutores, os professores-plantas [...]. Esses yachaqs também são chamados vegetalistas. O verdadeiro

---

1 O rabino Joseph Telushkin fornece uma análise completa da narrativa de José em seu livro de 2002, *Biblical Literacy* [Alfabetização Bíblica], combinando exegese escritural com tradições midrash.

vegetalista tem de encontrar [...] a Pessoa-Floresta [...] face a face. Na selva".[2]

Etnobotânicos há muito tempo se perguntam como povos indígenas do mundo todo conseguem identificar tão rápida e facilmente variedades de plantas cuja diferenciação parece impossível. Além disso, como povos antigos determinavam que plantas eram venenosas, medicinais, mágicas?

E se esse problema epistemológico é o do sonho? E se esquecemos como deixar as plantas sonharem através de nós? Elas têm muito o que nos contar. Mas continuamos jogando seus intérpretes (poetas, naturalistas, artistas, músicos e outros) na cova simbólica. Suas abordagens epistemológicas não se conformam ao reducionismo material. Onde está o resíduo de um sonho? Onde estão os dados? A prova?

O patriarcado associa sonho à ficção. Sonhar não pode ser quantificado ou mensurado com um objeto. Mas a incubação de sonhos foi considerada uma tecnologia pioneira na época do Império Romano. Pessoas com deficiências, que buscavam uma cura, dormiam nos templos de Asclépio, deus da cura, a fim de receber sonhos curativos. O local era importante. Uma peregrinação para dormir em um certo lugar associado a uma divindade e receber o sonho, que surgia do chão, era central

---

2 Esses trechos vêm do trabalho controverso de Dale Pendell de 1995 *Pharmako/Poeia*, no qual combina seu conhecimento etnobotânico a um talento para experimentos perigosos, documentando e investigando plantas e substâncias normalmente classificadas como venenosas.

para a prática. O sonho vinha da terra.[3] Nossos ancestrais, os mais próximos do período das tradições paleolíticas baseadas na terra, ainda compreendiam que sonhar era um modo de comunicação divina.

O problema para José é que os homens do Gênesis já tinham sido formados pela cultura dominadora. Eles já estavam sofrendo da amnésia do deus celeste, esquecendo que seu conhecimento agrícola e sua saúde mitológica não vinham dos céus, mas do mundo subterrâneo: sonhos lunares, sistemas de raízes e micélio mítico. Muitos deuses têm raízes. E, por vezes, um deus é uma planta que usa humanos para sonhar.

Inicialmente, José tem problemas no Egito, onde é jogado na prisão por incitar o desejo da esposa de seu senhor. Mas seus sonhos vegetais o salvam. Um punhado de uvas, evocativo da magia fermentada de Dionísio, ajuda José a interpretar o sonho de um copeiro real. O copeiro, impressionado com as habilidades místicas de José, recomenda seus serviços ao faraó, que tem sido repetidamente atormentado por um sonho com vacas famintas. De novo, o trigo "fala" através de José, prevendo sete anos de abundância seguidos de sete anos de seca severa.

Alguns estudiosos sugerem que José foi uma figura histórica, situada bem no centro do colapso da Idade do Bronze entre

---

[3] Uma visão geral dos locais neolíticos de incubação de sonhos pode ser encontrada na história feminista *The Great Cosmic Mother* [A Grande Mãe Cósmica], de Monica Sjöö e Barbara Mor.

1200 e 1150 AEC.[4] Teorias conflitantes atribuem esse colapso a erupções vulcânicas, ao surgimento de escritos fonográficos e à fundição do ferro. Mas uma coisa permanece constante: secas e fomes prolongadas mataram populações inteiras. Canaã, o lar de José, de fato, sofreu com a fome. Assim, quando lemos que os irmãos de José o jogaram na cova, vemos essa nova religião patriarcal descartando as habilidades de seu povo de prever, adaptar-se e preparar-se para a mudança ambiental.

As plantas estavam tentando ajudar Jacó e seus filhos por meio do sonho de José. Mas os homens de Canaã deixaram de confiar em sonhos de plantas e, pior, não confiavam mais uns nos outros. Muito interessante é o fato de que, após ser vendido como escravo, José se encontra em um lugar no qual crenças da Idade do Bronze ainda persistem: sua sabedoria visionária tem reconhecimento no Egito, onde ele rapidamente ascende ao poder. José aconselha que o sonho do faraó de sete vacas magras comendo sete vacas gordas indica que haverá

---

[4] O professor de religião e estudos judaicos Mark Leuchter identificou a língua usada na narrativa de José como o hebraico clássico, por vezes chamado hebraico bíblico, cuja composição data do período monárquico no século VIII AEC. Isso sugere, contudo, que a história já era contada de maneira oral e havia se tornado popular naquela época – o que significa que os eventos históricos relatados tenham ocorrido muito antes. Para mais informações, ver o artigo de 2013 de Leuchter, "Genesis 38 in Social and Historical Perspective" [O Gênesis 38 na Perspectiva Social e Histórica]. E para uma visão mais profunda da história por trás da narrativa de José, ler o artigo do professor Israel Knohl, "Joseph and the Famine: The Story's Origins in Egyptian History" [José e a Fome: As Origens da História na História Egípcia].

sete anos de abundância seguidos de sete anos de fome. O faraó considera o alerta do trigo, canalizado através de José, e estoca grãos. Os egípcios sobrevivem à fome com esse estoque.

A maior sabedoria do grão do trigo nessa história é também seu dano: todos sofrem quando homens duvidam dos sonhos de outros homens. Os temas da narrativa do Gênesis são homens sonhando com plantas, homens contando suas visões secretas a outros homens e homens enfrentando violência e descrença quando são vulneráveis. Qual o significado por trás de homens que param de confiar em plantas e na própria intuição? Pior, qual o significado por trás de homens que param de confiar suas questões e visões espirituais a outros homens? Como seria se os homens pedissem às plantas, aos fungos, às flores e às paisagens sabedoria para lidar com o colapso climático iminente? E quão poderoso seria se nossos irmãos não rissem de nós? E se sonhar com plantas não fosse apenas uma fantasia passageira, mas uma herança mística masculina?

10

ACTÉON É O REI DAS BESTAS

Da Maldição à Coroa

Sem mais ameaças, ela deu os chifres de um cervo maduro à cabeça que havia borrifado, alongando seu pescoço, tornando suas orelhas pontudas, trocando pés por mãos, longas pernas por braços, e cobrindo seu corpo com uma pele repleta de pintas.

Ovídio, *Metamorfoses*

A lenda de Actéon, de acordo com Ovídio, conta que o jovem caçador tebano surpreendeu a deusa Ártemis se banhando. Indignada, ela o transforma em um cervo que acaba sendo vítima de seus cães de caça. Mas a versão de Ovídio do mito é de fato uma narrativa relativamente tardia. Há múltiplas versões da história, cada uma com uma razão diferente para a transformação e morte de Actéon. O único elemento estável da história parece ser que um jovem caçador, ao encontrar a deusa de um bosque sagrado, recebe os chifres de um cervo.

No poema genealógico do século VIII AEC, *Great Ehoiai* [Grande Ehoiai], encontramos a versão mais antiga da queda de Actéon. Aqui, seu pecado é se apaixonar por Sêmele, que será a mãe de Dionísio, o que provoca o ciúme de Zeus. Assim, a transformação de Actéon em um cervo é uma punição por amar uma mulher reivindicada pelos deuses. O historiador Michael C. Astour mostrou que a história parece ter uma origem ainda mais antiga na *Epopeia de Gilgámesh* de 2000 AEC. Quando Ishtar, a deusa da fertilidade e do amor, tenta seduzir Gilgámesh, ele é cauteloso e responde:

> Você amou o vaqueiro, o pastor e o chefe dos pastores
> *Que sempre juntava as cinzas brilhantes para você,*
> *E cozia cordeiros para você todos os dias.*
> *Mas você o golpeou e o transformou em um lobo,*
> *Seus meninos-pastores o caçaram*
> *E seus cães dilaceraram suas ancas.*[1]

Gilgámesh já é um épico impregnado pelos temas extrativos e dominantes do patriarcado. A deusa, então, é sempre

[1] A relação entre Actéon e Gilgámesh é comentada por Michael C. Astour em seu livro de 1965, *Hellenosemitica: an Ethnic and Cultural Study of West Semitic Impact on Mycenaean Greece* [Helenosemítica: Um Estudo Étnico e Cultural do Impacto Semítico Ocidental na Grécia Micênica].

vista com temor em sua relação íntima com o mundo natural. Sua relação com pretendentes masculinos se torna um eco da relação da humanidade com o ambiente. Aqui, podemos ver os ecos originais de Ártemis direcionando sua fúria contra Actéon. O bosque sagrado de Ártemis é como o bosque sagrado de cervos da Mesopotâmia, derrubado por Gilgámesh.

Quando o ecocídio começa, nossos mitos se contraem em torno das figuras de deusas; subconscientemente já temos medo da retaliação e das histórias de vingança que internamente antecipamos. Nessa passagem podemos ver, claramente, Actéon como o receptáculo dessa culpa ecológica. Através dos mitos, Actéon não é apenas um caçador, mas, também, um pastor, o que indica que herdou o papel dos antigos amantes de Ishtar e dos outros companheiros da deusa, como o pastor Dumuzi, consorte de Inanna, e Átis, que sempre aparece com seu cajado de pastor, consorte da deusa Cibele.[2]

Mais interessante ainda é a repercussão de outra figura na tragédia de Actéon: Pã, o deus pastor com chifres. Como Actéon, Pã é também, em seus cultos mais antigos, associado à caça. O poeta grego Teócrito nos conta que na Arcádia, quando uma caça era malsucedida, os caçadores batiam em estátuas de Pã em desapontamento, pedindo por sua intervenção divina.

---

[2] Para uma visão geral das deusas e de seus consortes, ver o quarto capítulo, "The bronze age: Mother Goddness and Her Son-lover" [A Idade do Bronze: Deusa-mãe e seu Filho-amante], em *The Myth of the Goddess*, de Anne Baring e Jules Cashford.

Um homem transformado em um cervo. Um homem com chifres. E se a história de Actéon, como o mito do Minotauro, for uma tradução de uma figura paleolítica em um panteão patriarcal? A maior parte do que sabemos sobre Actéon não está em textos, mas em representações visuais, ou seja, iconografias. Ele está pintado em copos e taças e representado em esculturas de gesso em paredes. É esculpido e lapidado. O que fala, então, não é a interpretação moral dos eventos, mas duas imagens: o momento epifânico de um jovem encontrando a deusa, reminiscente dos selos minoicos em que jovens encontravam a figura de uma deusa no topo das montanhas, e a imagem de um homem com chifres.

O homem com chifres, ou o deus chifrudo, é um dos arquétipos visuais mais antigos. Nós o vemos pela primeira vez em "The Sorcerer" ["O Grande Feiticeiro"], pintado nas paredes da caverna Trois-Frères, em Ariège, na França. A figura está de pé; com pernas e dorso que parecem ser de um homem. Ele tem um falo ereto. Mas sua característica mais distinta é a galhada. Embora as culturas mitológicas sem registros escritos que nos deixaram essas imagens persistam somente como flashes oníricos em lendas e folclores mais recentes, ainda podemos inferir que o homem chifrudo é uma figura bastante importante para continuar merecendo ser celebrada em pinturas e pedras e, sobretudo no famoso Caldeirão de Gundestrup, desenterrado de uma turfeira na Dinamarca e com data de origem por volta de 200 AEC. Nessa obra, um homem está sentado como um Buda, cercado por animais e coroado com chifres magníficos. Ele segura uma cobra e um colar (de metal), evocando dominação sobre um tempo simultaneamente cíclico e linear: o fluxo serpentino progressivo e o retorno circular do colar. Ele é identificado como Cernunnos, um nome relacionado ao deus chifrudo dos gauleses. Mas pode ser mais adequado chamá-lo senhor das bestas – porque é, de fato, uma delas.

Uma característica interessante das culturas orais pré-patriarcais é o foco nas imagens de animais e relativo desinteresse por indivíduos heroicos e seres humanos. Quando humanos aparecem, têm características de animais ou, muitas vezes, são bonecos desenhados em forma de palito e sem rosto. Os animais, por outro lado, são mais detalhados.[3] Desenhos paleolíticos têm pouca necessidade de transformar o divino em humano. A deusa está em toda parte. Cada animal e planta. Mesmo mais tarde, na Idade do Bronze, vemos que a cultura minoica retrata touros, cobras, abelhas e eventos naturais com muito mais regularidade do que seres humanos.

Os mitos gregos e romanos nos contam que Actéon foi amaldiçoado por Ártemis: "Olhe para o destino miserável de

---

[3] A autora Barbara Ehrenreich escreve sobre a ausência de formas humanas na arte rupestre em um artigo de 2019 para o *The Guardian* intitulado "'Humans Were Not Centre Stage': How Ancient Cave Art Puts Us in Our Place" ['Humanos Não Estavam no Centro do Palco': Como a Arte Rupestre nos Coloca em Nosso Lugar].

Actéon, que foi estraçalhado pelos cães de caça que ele criou".[4] Seus próprios cães são demonizados e sua forma de cervo é "miserável". Ao olharmos atentamente para a história da cultura e da arte humanas, parece que por milhares de anos ser um animal era a maior honra de todas. Mas na época da história de Actéon, os animais, outrora divinos, passaram a ser o receptáculo da ansiedade produzida pelo desequilíbrio ecológico. Quando maltratamos a terra e caçamos animais até sua extinção e, como Gilgámesh, derrubamos a floresta que abriga seres divinos, ficamos com medo da retaliação desses seres divinos.

Agora que replantamos Actéon em uma tradição paleolítica de deuses chifrudos, acho que podemos nos voltar para algo tranquilo no centro da história trágica. Algo cuja ressurreição talvez seja útil.

Se animais são sagrados, então, ser transformado em animal poderia ser considerado o evento mais mágico de todos. Essa ideia persiste nas lendas celtas e arturianas. E se a deusa que transforma Actéon em um cervo não está amaldiçoando-o, mas abençoando-o?

Vemos a sobreposição da deusa à natureza na arte e em obras paleolíticas. E se o ato de transformar um homem em um animal fosse o último gesto de amor? E se estivermos testemunhando um casamento? Uma união sagrada? Usar chifres significava ser casado com o mundo. Só poderíamos estar

---

4 Essa citação está na tradução de Anne Carson de *As Bacantes*, de Eurípides, intitulada *Bakkhai*.

ao lado da deusa, copular com ela, correr tão rápido como ela, se nos livrássemos das restrições humanas. E se os chifres não fossem uma maldição, mas uma coroação?

Vamos devolver a Actéon sua coroa como senhor das bestas e rei da floresta. Ele não é uma figura trágica. É um rei esquecido. Actéon ensina o masculino a olhar íntima e curiosamente para os lugares, as pessoas e as figuras que incitam medo. E se esse medo nos impede de nos conectarmos com uma história maior e mais tranquila? O que são os cães em nossas vidas? O que é a deusa aterrorizante?

Talvez eles estejam apenas tentando nos dar um presente. Uma lente mais ampla. Uma mente selvagem.

11

UM NOVO MITO PARA NARCISO

Ver-nos no Ecossistema

Tolo, por que tentar capturar uma imagem transitória, em vão?
O que você busca não está em lugar algum: dando as costas,
o que você ama está perdido! O que você percebe
é a sombra da forma refletida: nada seu está nela.
Ela vem e fica com você, e vai com você, se você puder ir!
Ovídio, *Metamorfoses*

O moral da história é bastante simples. Um belo menino nasceu do deus-rio Cefiso e da ninfa Liríope. O belo jovem rejeita as abordagens românticas de mulheres e homens. Amaldiçoado por seus amantes desprezados, ele olha para uma poça e se apaixona pelo próprio reflexo. Ovídio faz Narciso morrer de tristeza e se transformar em uma flor de narciso, enquanto mitos mais antigos dizem que ele se suicida. Mas a história é compreendida como uma alegoria sobre solipsismo e vaidade, em vez de uma tragédia.

A história tem inspirado várias obras de arte. Alimentado também a psicanálise simplista e uma quantidade exagerada de literatura ruim. Não estou dizendo que o narcisismo não existe. Em vez disso, quero propor que não está situado na poça d'água ou nos olhos do belo jovem. Embora sejamos rápidos em criticar um adolescente tirando *selfies*, e a história da arte ame uma mulher nua com um espelho como um reforço à vaidade feminina, permanecemos amplamente inconscientes acerca de nossa paixão pela moralização. Como John Berger observa brilhantemente: "Você pintou uma mulher nua porque gostou de olhar para ela, colocou um espelho na mão dela e chamou a pintura de *Vaidade*, condenando moralmente, portanto, a mulher cuja nudez você retratou para seu próprio prazer".[1]

Mais recentemente, tenho visto esse narcisismo na filosofia que afirma que não podemos acessar o real. Obras de Kant e Heidegger explicam que cada ser está recolhido em si mesmo. Tudo o que vemos está revestido por uma projeção de nossa visão de mundo. Embora isso possa ser um lembrete útil de que nosso sabor do consciente, nossa socialização e nossas expectativas influenciam o que vemos, também tem sido a

---

[1] Essa observação aparece no livro de John Berger, *Ways of Seeing* [Modos de Ver], baseado em seu programa homônimo da BBC. Seu trabalho apoiava interpretações feministas da descrição de mulheres na arte e na cultura popular.

base para uma nova "irrealidade" – a ideia de que o real é sempre inacessível e o eu está sempre ocultando o real.

A academia, através das disciplinas, tem feito cada vez mais investigações tautológicas. Permita-me examinar minhas palavras e encontrar meu reflexo em sua sintaxe. Permita que minha filosofia sempre seja um adiamento de ação, uma dilatação das formas pelas quais apareço em tudo que estudo. Permita-me mensurar a posição desse elétron, e descobrir que meu dispositivo de medição, meu cérebro observador, entrelaça-se com o próprio elétron. Timothy Morton, um colaborador-chave para discurso e filosofia ecológicos durante a década passada, vai ao cerne do problema em seu livro *Dark Ecology* [Ecologia Sombria]: "No exato momento em que a filosofia diz que você não pode acessar diretamente o real, os humanos estão se aprofundando cada vez mais nele".

Transformamos o mundo em nossa "poça de vidro". Tratamos recursos naturais como reservas permanentes heideggerianas, afirmamos que nada é verdadeiramente vivo, presumido e acessível, permanecemos em longos debates sem sentido sobre a possibilidade de o mundo ser ou não uma simulação digital. Nossa visão de mundo se tornou um espelho de Narciso.

Talvez, o mito de Narciso ressoasse de maneira diferente há dois mil anos. Mas, hoje, interpretações simplistas do mito parecem ser uma orientação errada. O que o belo jovem está realmente fazendo ao contemplar as profundezas aquosas de uma poça da floresta? A supercultura nos levaria a crer que ele está sendo vaidoso ou preguiçoso. Mas vou tentar uma nova interpretação. E se Narciso está nos mostrando o que realmente precisamos fazer?

O espelho brilhante do narcisismo é o mito do progresso, as telas oscilantes dos celulares em nossos bolsos, a ideia de que nada que encontramos é verdadeiramente real. A poça coberta de algas, cintilando de pólens e um olho de sapo emergindo na superfície como o aparato visual da própria água, é o espelho da inclusão. Não mostra Narciso como um reflexo estéril, egoísta e antropocêntrico. Em vez disso, oferece algo muito mais nutritivo: a Totalidade Viva da Mãe Terra. A multiplicidade selvagem do mundo inteiro que nos inclui. Sim, talvez, ela veja sua face. Mas é uma face rasgada por um peixe revolvendo o sedimento abaixo. É uma face que se tornou furta-cor pela asa de uma libélula deslizando a superfície da água. O Todo Animado que compõe essa Totalidade Viva na qual estamos inseridos.

Não temos mais tempo para abstração. Não temos mais tempo para moralização. Espécies colapsam todos os dias, levando consigo outros seres com os quais estiveram mutuamente envolvidas por milênios. Mas, por outro lado, a emergência de nossa situação não demanda a dança maníaca da morte tecnonarcisista de tentar "consertar" o mundo. Exige ir mais devagar. Exige sentar-se próximo a um lago e se sentir mais conectado com a natureza. Olhar para a água e ver que nossa face é parte intrínseca da Totalidade Viva.

Com sorte, nós nos veremos.

Mas não como alguém isolado no espaço em branco abstraído da ontologia fenomenológica. Ou no metaverso dos binários digitais. Veremos que estamos realmente conectados. Não estamos fora das formas de vida que estamos danificando e poluindo. Estamos intimamente ligados a elas. O narcisismo real é crer que podemos estar separados filosófica ou moralmente. E, sim, vamos, como Narciso, nos apaixonar por esse reflexo mais complexo. Um reflexo que contextualiza nossa conexão com outras formas de vida dentro de muitos outros modos de ser, e dependentes deles.

12

TODO MUNDO É ORFEU

Cantando para Outras Espécies

Ele é alguém que habita este único mundo? Não:
ambos os domínios são a fonte desse poder terreno.
Ele sozinho sabia que as raízes do salgueiro
podem vergar o galho do salgueiro em uma lira.
RAINER MARIA RILKE, *OS SONETOS A ORFEU*

MEU PRIMEIRO ENCONTRO COM O MÚSICO místico foi uma metáfora, um fio sedoso de linguagem ligando flores e árvores ao amor trágico e à busca espiritual. Anos depois, Orfeu retornou, um pouco apertado entre as páginas de velino do manuscrito Auchinleck do século XIV, um compêndio de histórias populares em inglês arcaico. Em um dos romances, "o Senhor Orfeu" é um rei cuja rainha foi levada, não para o submundo, mas para a terra secreta das fadas, ou Mundo Feérico. Nessa versão da narrativa, a história tem um final feliz. O Senhor Orfeu encanta o rei tocando lira e resgata sua senhora do mundo verde das raízes de salgueiro.

Orfeu, o rei. Orfeu, o muso do poeta austríaco Rilke. Quando finalmente investiguei sua origem em Roma e na Grécia, não me surpreendeu descobrir que ele jamais fora apenas um personagem mitológico único. Aristóteles e seus contemporâneos consideravam que os poemas atribuídos a Orfeu foram escritos por diferentes autores. Estudos modernos acerca de textos e tradições clássicas provaram essa perspectiva. Como Homero, Orfeu é plural. Em vez de ser nomeado como um determinado herói, Orfeu parece ter sido usado mais como um título espiritual. Você não ora a Orfeu. Você ora *como* Orfeu: através da lírica, da poesia e do culto extático do mundo natural.

Cogumelos Orfeu crescem entre cidades e culturas, sempre adaptado a um ecossistema em particular. O Orfeu da Trácia é diferente do Orfeu de Roma. O Orfeu de Ovídio pertence a Ovídio por completo. Essa pluralidade ressoa com os ossos míticos de sua história: um homem viaja ao submundo e depois retorna. Um deus morre e renasce. Toda vez que essa história é contada, renasce de maneira diferente.

Pensando sob a perspectiva do micélio, vemos Orfeu em intimidade com a paisagem. O desmembramento de Orfeu por mênades ecoa outro desmembramento mítico de deuses, incluindo Osíris e Dionísio. Cada morte e ressuscitação dessas divindades é fruto de um sistema micorrízico subterrâneo que produz deuses associados à vegetação, ao submundo, à música, à poesia, ao amor e à primavera.

Anne Baring e Joseph Campbell mostram como essas "mortes" eram vistas como o fermento que adubava o solo e criava o composto saudável da primavera.[1] Orfeu desce para ascender, e depois para morrer novamente. Ele costura o mundo ao submundo. O domínio mítico à realidade musical. O elo é a lira, feita daquele outro herói de dois lados: a árvore, com suas pernas no ar e seu cérebro-raiz no solo.

O cogumelo-do-mel na Floresta Nacional Malheur, no Oregon, tem mais de 3,8 km de largura e, estima-se, ter entre dois e sete mil anos.[2] A cada ano os invisíveis filamentos de luz estelar hifal, entrelaçados sob o solo, conectando árvores e plantas, dão frutos acima da terra; cogumelos impressionantes. Cada cogumelo é um poema de um determinado lugar, uma erupção adequada a um trecho específico de musgos, distribuição de enxofre, suprimento de açúcar de plantas simbióticas e detritos do chão da floresta. Cada cogumelo é também

---

1 Tanto o trabalho de Anne Baring e Jules Cashford em *The Myth of the Goddess* como o compêndio de Joseph Campbell, *As Máscaras de Deus*, documentam os temas agrícolas e vegetais que acompanham a morte e a ressurreição de deuses.

2 Para mais detalhes sobre o cogumelo-do-mel (*Armillaria ostoyae*) na Floresta Nacional Malheur, incluindo o fungo gigante, como os guardas florestais o chamam, ver *The Malheur National Forest: Location of the World's Largest Living Organism [The Humongous Fungus]* [A Floresta Nacional de Malheur: Localização do Maior Ser Vivo do Mundo [o Fungo Gigante]], de Craig L. Schmitt e Michael L. Tatum.

apenas uma pequena florescência de um corpo muito maior e mais antigo abaixo da terra.[3]

Comecei a pensar na jornada de Orfeu ao submundo como uma indicação de seu micélio mítico maior. Ele aparece como diferentes poetas, músicos e homens, mas está sempre preocupado em viver na relação amorosa extática com o mundo animal e vegetal. Seu objetivo não é realização individual. É a comunhão fundida e porosa com a floresta inteira. Como Rainer Maria Rilke observou, sua jornada ao submundo mostrou para Orfeu que sua lira é sempre formada pelo mundo rizomático inferior.

Orfeu nunca se enrijece porque nunca permanece o mesmo. Sempre surge como um cogumelo diferente para se adequar às necessidades ecológicas, culturais e emocionais de um tempo e espaço específicos. Sua multiplicidade indica sua saúde mitológica. Orfeu é flexível, mutável, adaptável.

Penso que Orfeu nos oferece (homens, mulheres, seres liquenizados não binários que somos) uma nova oportunidade. Ele nos mostra que não necessitamos falar imediatamente. Primeiro, deveríamos ouvir. Deveríamos ouvir com nossos pés, ouvidos, mente e desejos. A fim de sermos um Orfeu, devemos estar quietos e fazer a jornada ao centro cego e púrpura de

---

3 Para uma melhor compreensão das redes miceliais subterrâneas, ver *Entangled Life*, de Merlin Sheldrake. Para uma perspectiva fitoterápica (focada nas árvores), ver a autobiografia da ecologista florestal Suzanne Simard, *Finding the Mother Tree* [Encontrando a Árvore-mãe].

nosso coração. Cada um de nós tem sua floresta de conexões que constitui nosso corpo frutificante específico. Cada um de nós possui seus filamentos de hifas que nos conectam a um micélio mais profundo de sabedoria baseada na terra.

Orfeu nos pede para irmos para fora e tirarmos nossos sapatos. E ele nos pergunta: para que disponibilizaremos uma boca? Cada um de nós é convidado a desenvolver nosso próprio Orfeu. Que micélio mítico se entrelaça em nossos pés e em torno deles? O que incita nosso sangue com a emergência de uma canção? Seremos o Orfeu de sapos? A corruíra-da-carolina? O sentimento de luz do sol da primavera perpassando as primeiras folhas amarelas da árvore de alfarroba?

Espere um momento, e se você tiver acesso à internet, procure pela gravação do último canto do único representante dos extintos pássaros Kaua'i'ō'ō. Ele está cantando para uma parceira que nunca chegará.[4] Ouça a melodia melancólica e a cadência questionadora do canto. Sintonize seu ouvido para o espaço vazio que lhe mostra a forma da amada que não canta em resposta. Sinta a vibração nos ossos de sua face, na onda de sua mente, e, então, deixe uma ânsia florescer em seu corpo pelo canto perdido.

Uma nota brilhante. Um toque decrescente da melodia. Algo atravessa as árvores e saúda seus ouvidos. Você a sente se enrolar e desenrolar em sua garganta, implorando a você que responda com seu próprio canto. É alguém tocando uma harpa?

---

[4] Nativo do Havaí, o último representante macho do Kaua'i 'ō'ō foi registrado pelo Laboratório Cornell de Ornitologia. Ele morreu em 1987.

Alguém cantando? Não! É um pássaro. O canto do Kaua'i'ō'ō é a canção de Orfeu. O lamento profundo do amado cuja Eurídice partiu e não retornará. Esse é um canto rouco de frustração e saudade que também celebra e se deleita com a parceira que não existe mais. Canto que pode convencer o deus do submundo a abrir mão da seta linear do tempo humano. Talvez, como o beija-flor, possamos voltar e desfazer perda e sofrimento. Talvez, junto a Orfeu, possamos alguma vez encantar a morte e trazer a Eurídice perdida de volta à vida.

Surpreendentemente, em alguns dos mitos, Orfeu de fato consegue salvar sua esposa morta. O que é importante não é a ressurreição de Eurídice, mas a capacidade de Orfeu de se entregar a um ato de tristeza que transforma o tempo, abre o submundo e, por fim, deixa outras pessoas com tanta raiva que têm de estraçalhar Orfeu e espalhar seu corpo como um adubo para a terra de uma futura primavera. Sua música catalisa o comportamento semelhante ao de animais que, por fim, fertiliza e regenera a terra. Sua música serve a três propósitos: celebrar o que está perdido, passar pelo luto e incentivar os ouvintes à ação relacional.

Quando pensamos em Orfeu, pensamos no som suave da harpa. Convido você agora a ouvir o uivo, o latido, o gemido, os trinados melancólicos do pássaro – a polifonia de animais ao redor do músico amado, ressonando com sua tristeza infinita.

Solastalgia é um neologismo para um novo tipo de mágoa. O termo foi cunhado pelo estudioso Glenn Albrecht para descrever uma forma de sofrimento provocada pela mudança ambiental.[5] Ela engloba a saudade de um lar ou de uma amada que não existe mais. Eurídice ressoa com essas paisagens e espécies perdidas. Ela é a mancha verde das geleiras derretidas, as antigas florestas transformadas em serragem, a costa destruída da Louisiana.

Em seu livro *Staying with the Trouble*, Donna Haraway descreve uma orquídea-abelha cuja flor se desenvolveu no formato específico de uma abelha fêmea para atrair um macho polinizador.[6] Esse polinizador agora está extinto. A flor, cada vez mais incapaz de se reproduzir devido à falta de seu parceiro simbiótico, permanece como um tipo de canto visual de luto pela abelha perdida.

Como mais e mais espécies desaparecem a cada dia, suas relações mutualísticas também desvanecem. Nenhum de nós está desconectado. Cada morte abre uma ferida – e uma canção. Haraway escreve: "A tristeza é um caminho para compreender entrelaçamento e compartilhamento de vida e morte;

---

5 O neologismo *solastalgia* foi criado pelo filósofo ambiental Glenn Albrecht durante estudo sobre o impacto da seca persistente em uma área rural de Nova Gales do Sul. Ele propôs esse termo em seu ensaio de 2007, "Solastalgia: The Distress Caused by Environmental Change" [Solastalgia: A Perturbação Provocada pela Mudança Ambiental].

6 A teórica feminista de multiespécies, Donna Haraway, propõe a "criação de laços" como um modo de navegar o caos da mudança climática e do ecocídio. Haraway "problematiza" a ideia do Antropoceno e destaca a complexidade entrelaçada das relações humanas com o mundo dos animais, das plantas e dos fungos.

os seres humanos devem se entristecer *com*, porque somos nesse e desse tecido de ruína. Sem uma lembrança contínua, não conseguimos aprender a viver com fantasmas e nem conseguimos pensar". Se não reconhecermos as perdas massivas e sistemáticas que estão marcando a paisagem, ficaremos congelados. Não seremos capazes de nos libertar e nos render, como Orfeu, para a canção que poderia criar novas complicações. Haraway, influenciada pelos antropólogos Deborah Bird e Thom van Dooren, insiste que não evitemos a dor emaranhada e lenta do luto, e reitera que, de fato, é necessário passar pela dor para sustentar o ativismo a longo prazo.

A morte de Eurídice transforma Orfeu em um viajante do submundo que traz a sabedoria subterrânea de volta à luz do dia. Mas, mais importante, coloca-o em uma relação melhor com o próprio mundo: com a textura e decadência do solo e com os cantos penetrantes daqueles que também vivenciaram uma perda transformadora. De repente, tudo está intensa e dolorosamente vivo.

Orfeu é famoso por ter feito até as pedras dançarem com sua música. O segredo para isso, penso, é que ele sabia que as pedras estavam vivas. Para expressar sua vivacidade, elas necessitavam apenas do ritmo certo. Seu ferimento abriu um espaço para cocriar junto à Totalidade Viva. Como podemos reconhecer as canções perdidas que assombram nossos dias? Como podemos, como a orquídea-abelha, usar nosso corpo e nossos canais criativos para celebrar, chorar e agir em prol de nossos entes queridos perdidos?

Orfeu pede que os humanos se lembrem de cantar para o vazio. Pede que todos se lembrem que se acreditarmos que as pedras podem dançar, elas *dançarão*. Se acreditarmos que podemos transformar a morte e confundir o tempo linear, nossa crença pode abrir portas inesperadas. Orfeu pede ao masculino para reconhecer todas as canções perdidas. Pede para irmos até à orquídea-abelha e perguntarmos cuidadosa e respeitosamente: "Como posso honrar os polinizadores que não chegam mais?". Ele vai ao pássaro Kaua'i'ōʻō e abaixa sua cabeça, cria penas, ossos ocos e canta em resposta, como a ente amada perdida.

Cada modo do masculino tem uma lira. Um modo de comunicação. Qual é o seu? Em uma época de crise ecológica sem precedentes como a que estamos vivendo, necessitamos de poetas e artistas para remover as restrições ficcionais da individualidade estéril. Precisamos de músicos para emitir o canto de cada pequeno ser. Para nos lembrarem, intimamente, de que cada melodia emergiu do mundo órfico de raízes micorrízicas e vegetais, mesmo que suas vibrações viajem pelo ar.

13

DIONÍSIO COMO LIBER

O Vinho é a Ferramenta dos Oprimidos

As mulheres amavam Dionísio. E ele as amava. "Assim, devo falar claro para salvar a fama de minha mãe, e me coroar aqui", Dionísio declara no início de *As Bacantes*[1]. O deus retornou a Tebas para honrar e vingar a memória de sua deusa mãe terra, a Sêmele frígia. Em mitos posteriores, ele é rodeado pelo duo dinâmico mãe-irmã dos mistérios eleusinos: Deméter e Perséfone. Dionísio é sempre contextualizado por amantes femininas, mães, irmãs e sacerdotisas. Donzelas e mães, erguendo cajados florescentes e vestindo peles de animais, são sempre as primeiras a se juntar à sua multidão sagrada. Assim que começam a marchar ao lado do deus em pele de leopardo,

---

[1] A declaração de Dionísio está nas primeiras páginas de *As Bacantes*, de Eurípides, traduzido por Gilbert Murray.

experienciam uma mudança dramática, assumindo a postura selvagem da mênade. Os romanos, temendo a qualidade revolucionária e imprevisível desse culto misterioso ao ar livre pré-Monte Olimpo, se esforçam para difamar as mênades. *Mênade* deriva de *manesthia*, "delirar". As mulheres de Dionísio eram consideradas loucas de uma maneira perigosa.

Em uma cultura que reprime cada vez mais as mulheres, que as vê como servas domésticas não confiáveis, corretamente confinadas ao lar, o que *é* loucura exatamente? Loucura, ao meu ver, seria uma mulher aceitar um *status* de cidadão de segunda classe. Aceitar uma vida sem poesia, amor e acesso à natureza – isso parece muito mais enlouquecedor do que correr em direção ao bosque para celebrar a conexão espiritual e o poder de um deus belo, generoso e empático.

O que era tão chocante sobre as mênades? Eurípides as descreve com longos cabelos soltos; e não cobertos por um véu. Elas domavam animais selvagens e usavam coroas feitas de espinhos e serpentes. Vestiam peles de cervo e leopardo, atributos simbólicos da deusa da natureza da Idade do Bronze, Cibele, e empunhavam o tirso de funcho de Dionísio. Dançavam, cantavam e corriam pelos bosques. Bebiam vinho e caçavam animais selvagens com agilidade e força sobre-humanas. Comiam carne crua, uma prática demonizada pela Roma "civilizada" e depois pela esterilidade patriarcal da academia moderna. Mas parece óbvio que esse rito de comer carne está intimamente relacionado às peles de leopardo e felinos que as mulheres vestiam. Elas encenavam ritos que vemos em práticas xamânicas ao redor do mundo: transformando-se nos animais que cultuavam, habitando uma mente selvagem e participando intimamente do apetite dos animais a fim de obterem sabedoria espiritual profundamente enraizada em seus ecossistemas. Deleitamo-nos com os tratamentos poéticos palatáveis que Ovídio faz da transmutação. O que há de tão assustador sobre a transformação das mênades em leoas?

Em outras palavras, mênades são mulheres que sabem que não são diferentes do mundo natural. São suas criações selvagens e poéticas. E, portanto, são mulheres reunidas a tradições espirituais e ritualísticas mais antigas que reconheciam seu poder. Essa é uma das razões pelas quais Dionísio era cada vez mais visto como um deus perigoso pelas autoridades romanas. É uma das principais razões pelas quais tem sido desacreditado como um tolo bêbado. Dionísio não é apenas o deus do vinho. É o deus das mulheres. Chega para honrar as donzelas e as mães e para reconectá-las a um micélio mítico que antecede o surgimento das hierarquias dominadoras durante a Idade do Ferro. Ele as "coroa" como o faz com Ariadne, devolvendo a elas sua autoridade mística ecologicamente situada que frutificou pela última vez em Creta.

Dionísio, completamente confortável em uma expressão suave e feminina do masculino divino, abre um espaço generoso para suas poderosas mulheres consortes. Ele as deixa expressar complexidade e selvageria. Ele lhes dá uma liberdade de expressão que lhes é negada dentro dos limites de uma cultura repressiva. Sua magia é generosa.

Hoje, o feminino, como o masculino, recebe uma narrativa muito rígida sobre que tipo de apresentação física ou comportamento é culturalmente aceitável. Espera-se que mulheres passem fome para se manterem com o corpo de pré-adolescentes, depilem virilha e axilas, escondam os mamilos sob sutiãs de bojo. Paradoxalmente, espera-se que sejam altamente vistosas e atraentes nas mídias sociais, enquanto mantêm privacidade, controle e contenção física. Sua raiva e fúria são ridicularizadas, reprimidas e punidas. A passividade da depressão e da tristeza é encorajada em detrimento do dinamismo da solução nervosa de problemas.

E se o masculino pudesse evocar e celebrar mais do que apenas a serva malnutrida de porcelana? E se o masculino fosse tão plural, mutável, tranquilo e confiante com sua habilidade de fluir e mudar que abrisse espaço para a mênade? Como seria permitir que as mulheres em nossas vidas expressassem sua total complexidade? Suspeito que a alquimia transformadora dessa experiência não beneficiaria somente as mulheres. Acho que poderia justamente ter o poder de transformar homens em deuses e revolucionários.

Dionísio também era popularmente chamado de Liber.[2] De fato, essa versão do nome do deus vegetal é a raiz de nossas

---

[2] Ovídio celebra os muitos nomes de Dionísio no quarto livro da série *Metamorfoses*, terminando com uma invocação de seu papel como Liber: "[As bacantes de Beócia] chamavam Baco [Dionísio] por seus vários nomes nobres: Lyaeus, Bromius; filho do fogo flamejante; nascido

palavras para liberdade, libertação e liberação. Por que, então, consideramos Dionísio somente como um deus de loucura ébria? Seus cultuadores muito claramente o viam como um deus de revolução e independência. Em relação ao mito, suas chegadas assinalavam a inversão de normas sociais e o florescimento de celebração irrestrita, incivilizada, muitas vezes conduzida pelos desfavorecidos de uma sociedade. Esse comportamento não é apenas êxtase fermentado. Isso é revolta espontânea e desordenada.

A transformação de Dionísio em um bêbado de cara vermelha foi uma campanha deliberada de difamação feita pelos romanos, que o viam como uma potente ameaça à ordem do Império. Ele não apenas inspirava as mulheres a retornarem aos rituais da natureza mais antigos e subversivos, ele inspirava e incitava verdadeiras revoltas. O culto a Dionísio não era só caótico e antiautoritário, por vezes; era ameaçadoramente organizado. Dionísio inspirou diretamente duas das revoltas mais significativas contra o Estado romano.

A primeira foi a Terceira Guerra Servil, liderada por Espártaco, um gladiador fugido da Trácia, no século I AEC. Ele ficou famoso por receber ajuda de sua esposa, uma sacerdotisa dionisíaca, que, segundo relatos, entrou em transes proféticos e auxiliou os líderes escravizados a tomarem decisões

---

de duas mães e nascido duas vezes; grande senhor e plantador da uva genial; Nyseus, Lenaeus e Thyoneus, cujos cabelos cacheados nunca são cortados; Nyctelius, Iacchus, Euhan, pai de Eleleus; e todos os incontáveis títulos que são seus, Liber, ao longo das terras da Grécia".

táticas.[3] É importante apontar também que a origem tanto de Dionísio quanto de Orfeu dizia-se ser de Trácia. Espártaco, o gladiador trácio, era o produto de uma cultura com um profundo micélio mítico que entendia a inteligência vegetal, o misticismo do submundo e a liberdade dionisíaca.

A segunda revolta dionisíaca foi liderada pela sacerdotisa campaniense Paculla Annia. O historiador romano Lívio nos conta que essa poderosa mulher buscou expandir as celebrações do deus selvagem, enquanto abria a iniciação para jovens. Dionísio geralmente tinha apenas sacerdotisas, então essa mudança não foi totalmente surpreendente. Mas segundo Lívio – nossa única fonte de detalhes acerca da vida dela –, seus críticos alegaram que essa era uma tentativa direta de radicalizar filhos da elite romana para que se voltassem contra os pais.[4] Embora o "culto" cada vez mais popular de Paculla

---

[3] Ficamos sabendo mais informações sobre a esposa sem nome de Espártaco por meio de Plutarco, filósofo e historiador grego do século I. Ele observou: "Diz-se que quando ele [Espártaco] foi trazido pela primeira vez a Roma para ser vendido, uma serpente foi vista enrolada perto de sua face enquanto ele dormia, e sua esposa, que era da mesma tribo dele, uma profetiza, e afeita a visitações do frenesi dionisíaco, declarou-a sinal de um grande e formidável poder que o levaria a ter sorte. A mulher participou de sua fuga e depois viveu com ele" (Plutarco, *Crasso*, 9.3).

[4] O Senatus Consultum de Bacchanalibus (Decreto Senatorial Concernente aos Bacanais), uma tabuleta gravada em bronze datada de cerca de 186 AEC, detalha a proibição contra Dionísio e seus seguidores após a Guerra Púnica e a rebelião de Paculla Annia. Contudo, historiadores concordam que práticas dionisíacas secretas persistiram por muitos anos após a proibição, unindo-se, por fim, às comunidades

Annia nunca tivesse sido abertamente militante, inspirou tanto medo na república romana que processos e execuções em massa foram conduzidos para eliminar todos os seguidores. Estima-se que pelo menos sete mil pessoas foram mortas. Depois disso, o culto a Dionísio foi praticamente proibido.

Vamos devolver a Dionísio sua determinação revolucionária. O deus do vinho e do prazer é também o deus das táticas subversivas, da revolução e dos oprimidos. Mas, enquanto recontextualizamos Dionísio, vamos ter em mente o lembrete muito importante da poeta Audre Lorde: "As ferramentas do senhor jamais desmantelarão a casa do senhor"[5].

É importante observar que Espártaco cai em batalha e sua revolta fracassa. Espada atinge espada. Guerreiro derrota guerreiro. No espírito do contexto, Lorde escrevia sobre experiências de mulheres negras e mulheres negras e lésbicas. Recorro ao seu texto ciente de que me beneficio do sistema que inspirou sua criação. Estou tentando me situar e situar esse texto no entrelaçamento da culpabilidade. Nunca somos completamente inocentes ou culpados. As ferramentas do mestre nunca irão desmantelar a casa do mestre. Mas o que podemos

---

proto-cristãs. Para uma visão geral de toda a história da revolta, consultar *Conspiracy Narratives in Roman History* [Narrativas Conspiratórias na História Romana], de Victoria Emma Pagán.

5 Essa frase aparece no ensaio de Audre Lorde como "The Master's Tools Will Never Dismantle the Master's House" [A Ferramentas do Mestre Nunca Irão Dsmantelar a Casa do Mestre"], que faz parte da coleção de 2020, *The Selected Works of Audre Lorde* [Seleção de Trabalhos de Audre Lorde], editada por Roxane Gay.

fazer se vivemos na casa? A casa do mestre deve ser reconhecida. Não podemos nos separar dos sistemas opressivos que tanto nos beneficiam como nos prejudicam.

Dionísio nos oferece uma opção radical. Ele é o deus da videira e da hera: vegetação serpentina, que se estende em todas as direções, sobe, explora, restringe e rasteja. Videiras e heras são conhecidas como plantas oportunistas. Elas crescem prédios acima. Inserem suas raízes aéreas em fissuras minúsculas entre tijolos. A glicínia se enroscará em volta de cabos de eletricidade, chaminés e treliças até esmagar seus anfitriões, tal como uma anaconda. Manuais de jardinagem e de cuidados com a casa advertem que videiras danificam calhas, telhados e janelas. Elas digerem e distendem superfícies fracas. Prédios antigos cobertos de hera agem como estufas para calor e umidade, que apodrecem lentamente suas paredes e madeiras por trás do exterior verdejante.

Meu exemplo favorito no Vale Hudson de Nova York, onde moro, é a videira selvagem, cujas veias de cor vermelho-sangue permeiam a folhagem, circulando troncos de árvores e se entrelaçando em arbustos. Seu entrelaçamento é tão apaixonado que muitas vezes mata. Que tipo de instrumento é esse? Alguns lamentam o fato de que as videiras sufocam algumas árvores. Minha pergunta é: essas são as mesmas árvores que não podem se desenvolver em um ambiente cada vez mais úmido? Será que a vinha está nos ensinando algo subversivo? Uma narrativa ecossistêmica em vez de uma narrativa humana?

Interpretações ambientais simplórias veem plantas invasoras como prejudiciais. Mas herboristas como Stephen Harrod Buhner e Timothy Lee Scott trabalham para mostrar que plantas invasoras como a videira estão, de fato, apenas trabalhando em escalas de tempo muito maiores.[6] De fato, se deixamos de lado nossas ideias colonizadas sobre pureza, podemos ver como plantas invasoras muitas vezes entram em cena para limpar poluição, regenerar solo degradado e oferecer remédio para novas doenças, tanto parasíticas como virais. A planta sanguinária-do-japão, com seus troncos lenhosos semelhantes aos de bambu, é uma erva crucial no tratamento da doença de Lyme. Por vezes, os espirais de vinhas e heras que parecem estar danificando prédios e mudando as estruturas de nossas florestas estão, na verdade, executando um ato vital e extraordinário de transformação necessária.

O colapso climático não será resolvido pelo tecnonarcisismo. O patriarcado não pode ser curado com vergonha e culpa. O racismo não pode ser cortado de nosso cérebro com uma espada. Tampouco, podemos escapar do sistema correndo para as florestas. As feridas do capitalismo patriarcal vivem em nosso coração e vão apodrecer quer durmamos ou não a céu aberto.

---

6 Para mais informações sobre como espécies invasivas desestabilizam nossas narrativas humanas sobre saúde e resiliência do ecossistema, ler o livro do herborista Timothy Lee Scott, *Invasive Plant Medicine: The Ecological Benefits and Healing Abilities of Invasives* [Medicina das Plantas Invasivas: os Benefícios Ecológicos e as Habilidades Curativas], e a introdução de Stephen Harrod Buhner para tal livro.

Em vez disso, quero oferecer a sabedoria da vinha interrogativa e investigativa de Dionísio. E se olharmos para as plantas em busca de orientações sobre como nos revoltar? E se pedirmos à Totalidade Viva sugestões ardilosas? Sou sempre levada de volta àquela afirmação da ativista Toni Cade Bambara: "O papel do artista é fazer a revolução ser irresistível"[7]. Respondendo a essa abordagem, a escritora feminista adrienne maree brown nos convida ao "ativismo do prazer". Assim como faz a videira, como nosso prazer, questionamento e investigação do sistema podem começar a confundir os sistemas que nos restringem? Como podemos, como a hera, começar a circundar a mão que segura a espada; até que esteja tão cingida que não consiga mais segurá-la sem que a deixe cair?

Não estou certa de qual seja a resposta, mas acho que, estudando as espécies invasoras em nossos biomas locais, podemos aprender sobre táticas revolucionárias subversivas. O que significa digerir um prédio? E se a revolução envolvesse afundarmos nossas mãos em barro fresco e sentir os filamentos dos fungos micorrízicos conectando plantas e árvores? E se, antes de começarmos a lutar, enraizássemos novamente nosso prazer baseado na terra? Aprendemos como nos revoltar quando fazemos remédios a partir de plantas invasoras e quando olhamos com curiosidade para o que a terra está fazendo, em vez de tentar "curá-la" ou limpá-la imediatamente. O que significa transformar uma paisagem poluída em uma floresta

---

7 Toni Cade Bambara é citada na meditação inovadora de adrienne maree brown sobre ecologia e ativismo, *Emergent Strategy* [Estratégia Emergente].

saudável? A paisagem sabe mais do que nós e nos mostrará se olharmos com bastante atenção.

Convoco a vinha e a hera de Dionísio/Liber, bem como a hifa apetitiva do submundo micelial de Orfeu e as invasoras sementes de mostarda do reino de Jesus. Deixe-me chamar, também, as raízes musculares dos salgueiros que surgiram dos túmulos dos heróis da Idade das Trevas. Raízes infames que surgem entre fundações de pedra. E convoco o pólen das flores silvestres dos antigos deuses feridos. Deixe-o voar ao longo de gramados e transformá-los em campos opalescentes de flores púrpuras e azuis. Transforme-me em uma vinha. Em um cogumelo. Em uma raiz cinzenta. Em uma semente. Molde-me em uma resiliência que seja mais entrelaçada do que um mito humano, menor que um átomo, mais melodiosa que uma única palavra, voz ou canção.

14

RENATURALIZANDO OS ENTES QUERIDOS

Dionísio Oferece Novas Formas de Romance

Não é estranho que o deus de cajados fálicos, da vegetação penetrante, do vinho e do sexo seja muitas vezes caracterizado nos contextos acadêmicos ocidentais como assexual?

O argumento é estranho. De modo extraordinário, Dionísio é um dos únicos – se não *o* único – deus grego ou romano que não comete estupro. Não há histórias dele de rapto ou ataque a mulheres. Tampouco, abuso de meninos ou homens mais jovens. Esse é um dos principais argumentos que os estudiosos ocidentais usam para defender que Dionísio é abstraído de sexualidade legítima e não poderia ser um amante viril e desejoso. Diferentemente de seu pai, Zeus, ele não trapaceia, engana ou destrói mulheres. Não se comporta como o panteão patriarcal dominante no qual está inserido. Essa simplificação de Dionísio me parece suspeita. Sua feminilidade e androginia, seus cabelos longos e sua vestimenta estranha e as outras medidas de sua "alteridade" estão incluídas nessas tentativas de castrar e apagar um modo pré-patriarcal do masculino sexual.

Por que a masculinidade é confundida com dominação e violência? Por que o fato de Dionísio não ter interesse na dominação significa que não pode ser um amante sexual e apaixonado? Por que essa apresentação física atípica o exclui da sexualidade? "Bem, estrangeiro, vejo que esse seu corpo não é inadequado ao prazer das mulheres", diz o rei tebano Penteu na tradução de Ian Johnston de *As Bacantes*. "Quanto aos seus cabelos, são longos, o que sugere que você não é um lutador. Descem por seu rosto. Isso é muito sedutor. Você tem uma pele branca, também. Você cuidou dela."[1] O que há na beleza inclassificável de Dionísio, em sua habilidade de inspirar a apreciação de mulheres e homens, que perturba tanto acadêmicos como reis?

Deixe-me oferecer um enredo alternativo. E se o fato de Dionísio não precisar cometer estupro ou ataque violento para atrair amantes o torne ainda mais masculino? E se sua masculinidade suave, sua biodiversidade de formas e suas possibilidades de representação fazem com que a masculinidade rígida

---

1 Essa citação é retirada da tradução de Ian Johnston, de 2008, da peça de Eurípides.

e monolítica do patriarcado encolha em torno da falta de opções? E se Dionísio é uma janela para um mundo mais fértil e saudável de masculinidades que existiam antes das invasões gregas à bacia do Mediterrâneo e do final da Idade do Bronze? E se ele fosse tão potente sexualmente e autoconfiante que não tivesse de recorrer aos modos patriarcais de repressão e abuso? Dionísio é considerado o deus das mulheres. Mulheres eram facilmente atraídas por ele e seu sabor de espiritualidade extática baseada na natureza. Ele não precisava punir ou forçar amantes à submissão sexual. Os amantes, mulheres, homens, sátiros e deusas, já estavam completamente prontos para oferecer seus afetos.

Os mitos nos falam que Dionísio precisava apenas caminhar por uma cidade para que a onda de loucura coletiva começasse. Uma multidão de mulheres desejosas e adoradoras, disseram-nos historiadores ofendidos, abandonariam suas tarefas e vestimentas íntegras e correriam para os bosques.

Lembro-me do filme *Os Reis do Iê-iê-iê* (*Hard Day's Night*, 1964) sobre os Beatles: garotos com pele de pêssego cantando sobre amor e atraindo a adoração frenética de multidões de garotas. Que lição sobre amor e romance Dionísio nos dá a partir de seu micélio pré-patriarcal? Que vivacidade paleolítica podemos beber de seu cântaro fundo?

Vamos devolver aos gregos a interpretação do Minotauro, de Ariadne e de Teseu. O semideus arrogante Teseu chega à ilha de Creta. Ele afirma que pode matar o irmão monstruoso de

Ariadne que vive no meio do labirinto e devora humanos. Aqui, vamos lembrar que o Minotauro simboliza todos os primeiros deuses com chifres e deuses-touro de sociedades lunares, nas quais tanto mulheres como homens tratavam a natureza como divina, acima de todas as coisas. Teseu veio para dominar e "reescrever" narrativas mais antigas.

Ariadne, encantada pelo belo Teseu, presenteia-o com um novelo de lã que o levará para fora do labirinto após matar seu irmão. O novelo, aqui, é profundamente simbólico. Tecer sempre foi associado ao destino, à contação de histórias, ao poder profético das mulheres e ao cordão umbilical que liga uma criança ao útero.[2] Quando Ariadne dá a Teseu seu "novelo", ela está lhe dando sua história, seu corpo, sua conexão com os mistérios do nascimento e sua veia pulsante de poder. Lendas sugerem que Teseu, após assassinar o deus-touro, reivindica Ariadne sexual e romanticamente, deixando Creta com ela. Mas quase imediatamente depois ele abandona a senhora do labirinto enquanto ela dormia às margens da ilha de Naxos.

Acho que a maior parte das mulheres, e muitas pessoas também, conseguem imaginar como é isso. Você acorda sozinha e talvez assustada. Talvez você esteja coberta de fluidos.

---

[2] A estudiosa Elizabeth Wayland Barber descreve o desenvolvimento da cultura, da contação de histórias e os papéis sociais das mulheres ao longo da história da tecelagem em seu livro de 1996, *Women's Work: the First 20.000 Years: Women, Cloth, and Society in Early Times* [O Trabalho das Mulheres: os Primeiros 20.000 Anos: Mulheres, Vestimentas e Sociedade nos Primórdios].

Sal marinho. Areia. Sangue. Seu próprio sangue. E seu amante – ou abusador, ou ambos –, em quem você confiava, partiu. Livre de culpabilidade. Livre de responder pela violência contra você.

Em seu compêndio sobre mitos escrito no século I, Pseudo-Apolodoro nos conta que enquanto Ariadne cuida de seu coração partido na praia, lamentando sua estupidez em confiar no jovem herói patriarcal Teseu, Dionísio desembarca, atraído pela beleza e força da princesa. "Por que você está chorando?", ele pergunta. "Por que você lamenta um homem, quando poderia ter um deus e ser uma deusa?"[3]

Dionísio não só enamora e cura Ariadne e faz dela sua esposa amada, como também a leva aos céus e a transforma em uma deusa que tem sua própria constelação. Ariadne, provavelmente a "senhora do labirinto" das antigas tabuletas minoicas em linear B, recebe de Dionísio o *status* de deusa. Se Teseu é um ladrão, tendo "roubado" seus deuses-touro lunares e acessado sua dança do labirinto sagrado, então Dionísio é o grande restaurador. Ele cura seu coração e reconhece, por trás da campanha de difamação da maioria das narrativas gregas, seu *status* como uma deusa sagrada da terra.

---

[3] A *Bibliotheca* [Biblioteca], um compêndio de mitos gregos do século I, originalmente foi considerada de autoria de Apolodoro. Quando tal autoria foi questionada, "Pseudo" foi acrescentado ao substantivo. A versão citada aqui é de *The Library of Greek Mythology* [A Biblioteca da Mitologia Grega], da Oxford World Classic, traduzida por Robin Hard.

O que mais gosto na relação deles é que em muitas histórias e imagens – um exemplo maravilhoso é o friso da Vila dos Mistérios em Pompeia – Ariadne é retratada como a ocupante do trono soberano enquanto Dionísio senta em seu colo. A relação deles é invertida, dinâmica, irrestrita a estereótipos de gênero. Não há "rei" dominante. Imbuído por uma habilidade adaptogênica para levar equilíbrio a um ecossistema perturbado, Dionísio imediatamente corrige a dinâmica de poder elevando sua amada ao *status* divino e lhe devolvendo seu trono terreno e sua coroa cósmica constelada.

Em uma época em que uma entre três mulheres vivenciou alguma violência sexual, Dionísio poderia ser um modelo importante para o masculino. O que significa abordar a pessoa amada sabendo que ela foi enganada? Como é curar de maneira afetuosa essa ferida e esse desequilíbrio de poder? Acredito que a resposta é mais doce, bela e *sexy* do que podemos sequer imaginar. Curar não precisa ser um trabalho árduo. Pode ser romântico. Pode ser orgiástico.

15

DEIXE SEUS CHIFRES VOLTAREM A CRESCER

A Carta do Diabo é Dionísio

VOCÊ FECHA OS OLHOS, VENDO TUDO preto: o preto de um urso escuro durante a noite, com pouca visibilidade, quando o brilho da lua atinge como pedra o pelo oleoso da coluna do urso. Você ouve a escuridão do som: o barulho do grandão fazendo um túnel no meio do lago, a pancada aveludada de um beija-flor contra a janela. Petricor: a chuva desperta o aroma quente e profundo do solo. Os dedos dos amantes apagando a vela. O peso de ameixas muito maduras. O mel quase apimentado com pólen de flores silvestres. Caminhar dentro do celeiro à noite, com os animais se misturando uns com os outros, arrulhando e mugindo como elétrons cegos, sonhando-dançando em torno de um átomo.

Bem-vindos à carta do Diabo.

Ou, como deve ser conhecido, a carta de Dionísio.

Pois aqui está nosso deus favorito da revolução, do fazer amor, da vegetação, do solo, da dança e da fermentação, levemente camuflado pelo preconceito cristão. Elaine Pagels mapeia a história do Diabo cristão em seu livro *The Origin of Satan* [A Origem de Satã], demonstrando que ideias judaicas pré-cristãs acerca de diabos eram neutras ou mesmo positivas.[1] E muitas vezes imagens do Diabo levam diretamente de volta ao culto de deuses vegetais teriomórficos.

Originalmente, como Pagels nos conta, a ideia de "diabo" não tinha bagagem teológica; significava simplesmente "obstáculo". A figura sem gênero de um diabo era vista como uma correção de curso. Algo que bloqueia o caminho errado. Você é forçado a parar e a reavaliar. Como resultado, fica mais perto de seus verdadeiros desejos e propósitos. Esse diabo, então, está mais próximo da ideia moderna do anjo da guarda. Ele nos afasta do perigo, às vezes, de maneira chamativa, às vezes, de

---

1 Elaine Pagels é uma autoridade em gnosticismo e início do cristianismo. Seu livro de 1979, *The Gnostic Gospels* (*Os Evangelhos Gnósticos*), é geralmente aceito como o texto oficial sobre cristianismo gnóstico e os pergaminhos Nag Hammadi. Em *The Origin of Satan*, Pagels observa a evolução do termo hebraico para "obstáculo" no grego koiné *skandalon*, que significa "armadilha" ou "impedimento". Pagels mostra que a palavra era usada para descrever versões antigas de demônios. Esses "obstáculos" forneciam uma correção de curso e impediam a pessoa de se dirigir facilmente para o pecado. O termo original não contém bagagem moral explícita.

maneira discreta. Pagels mostra que à medida que o Cristianismo se desenvolvia, encontrava-se um "bode expiatório" no deus com chifres de bode, Dionísio. Racismo, misoginia e antissemitismo foram despejados no agora singular Diabo, que não representava tanto mal como o pote em que a cultura dominante poderia fermentar seus preconceitos mais violentos.

Vemos traços dessa história na própria carta. Os chifres, as asas de morcego e os pés de pássaro recordam práticas pagãs mais antigas que veneravam a natureza e os deuses animais. Nas primeiras descrições da carta, o Diabo se assemelha mais a uma mistura de Dionísio: metade animal, com seios e falo. A escuridão da carta do Diabo não é o preto da ausência, mas a terra escura e viva com sementes germinando, puxando umidade e nutrientes para alimentar uma floresta inteira. Interpretações simplistas da carta do Diabo alertam sobre o excesso, o egoísmo exagerado e o abuso de poder. Mas o Diabo, como Dionísio, na verdade é o antídoto para esses vícios. Essas interpretações são confusões feitas com os verdadeiros símbolos do capitalismo patriarcal: o Imperador, o Carro e o Hierofante. Vamos contemplar uma nova interpretação dessa carta. O Diabo tem sido um depósito de ódio e preconceito. Mas também tem sido o lugar onde práticas mais antigas e férteis sobreviveram como clandestinas.

Repare na carta do Diabo e verá a duplicidade da carta dos Amantes. Acorrentados a um bloco preto com o Diabo agachado sobre eles, dois amantes inclinam suas cabeças com chifres um em direção ao outro. Eles olham para as correntes que os prendem. Algumas interpretações alertam para o fato de que os amantes cederam ao instinto animal e caíram no "hedonismo". Nesse caso, bom para eles. Todos nós poderíamos usar mais o instinto animal. Precisamos recolocar nossos chifres e começar a pensar menos como indivíduos e mais como partes de relações desiguais e contaminadas com outras pessoas, outras ecologias e outros modos de consciência.

Na carta dos Amantes, o homem olha para a mulher, enquanto a mulher olha para um ponto distante dele, para cima, para um anjo desencarnado – uma divindade monoteísta do céu. Os amantes não estão de fato conectados. Carecem de reciprocidade. A abstração domina. A mulher olha para o céu, e não para seus pés ou para seu parceiro terreno. Os amantes da carta do Diabo, por outro lado, curam a abstração cartesiana da carta dos Amantes. Ambos olham para a corrente que os conecta. Eles inclinam a cabeça na direção da terra e para o interior um do outro.

Não somos símbolos estúpidos – a carta parece dizer – nem cartas planas voando de um baralho. Somos relações grudentas e desordenadas, intimamente ligadas à terra, umas às outras e àquelas outras divindades dionisíacas teriomórficas que entram e saem do domínio imaginário quando precisamos de um "obstáculo" de correção de curso. E se reinterpretássemos as correntes da carta do Diabo como raízes miceliais? Isso é inteligência em forma de cogumelo, ligando e dispersando informações. Examinando e dividindo. Deslizando para trás e para si. Involuindo.

Os amantes da carta do Diabo estão enraizados na terra e um ao outro. Eles nos lembram de que nem sempre estivemos fora do jardim. O jardim está logo abaixo de nossos pés. Não precisamos de um grande despertar espiritual para retornarmos a essa consciência edênica. Precisamos apenas prestar atenção de maneira cuidadosa e especial às conexões que já nos constituem. Os contextos ambientais exuberantes que moldam nossos desejos, nossos apetites e nossas histórias. Vamos agradecer à carta do Diabo por conter o ódio sem se dissolver por baixo dele. Vamos agradecer ao deus-bode dionisíaco por proteger os amantes debaixo de suas asas de morcego, por ajudá-los novamente a desenvolver chifres e por ensiná-los a criar raízes.

Não quero apenas devolver o Diabo para o masculino. Quero colocá-lo com firmeza entre as pessoas, as plantas e os amantes. Ele nos ensina a criar tecido conjuntivo no solo através de práticas de plantio dos povos originários, de regeneração do solo e do cultivo de comunidades de micorrizas nativas. Mas ele também, de maneira simples, cura nossa habilidade para amar, não com nossas linguagens ou mente sem carne, mas com nosso corpo inteiro, confuso, indeterminado, de gênero oscilante e com asas de morcego.

PARTE II

CURANDO AS FERIDAS

16

DEIXE SUAS ASAS SECAREM

Dando a Carta da Estrela ao Masculino

O céu de noite é azul; do mesmo tom da pele de um elefante, pontilhado de estrelas. O chão sob os pés é macio; repleto de musgo e turfa. Tomilho selvagem, esmagado, libera um aroma amarelo-brilhante. Você quase confunde o sicômoro gigante com uma cobra branca musculosa, enroscando-se em direção à lua. Mas quando você para e toca em sua casca descascada, identifica algo nos galhos. Uma íbis? Uma borboleta azul cujas asas têm franjas pretas?

Conheça a carta da Estrela.

Em variações do tarô que remontam a ilustrações originais de Bonifacio Bembo, vemos uma figura (homem ou mulher, dependendo do baralho) segurando duas vasilhas; com uma mão, despeja água em uma piscina, e, com a outra, joga água em uma terra fértil e acolhedora.[1] Um pé repousa na superfície, e o outro desliza para dentro da terra e da grama selvagem da paisagem. Tradicionalmente, a figura está nua, cercada por sete estrelas, um fato que traz à mente os sete chakras para algumas leituras do tarô. Uma íbis ou uma borboleta repousa na folhagem de uma árvore distante. A cena é tranquila, mas dinâmica. A energia se move em um circuito fechado. A água flui na água.

Sob uma perspectiva clássica, a carta está relacionada à cura. A mulher retratada despeja "águas purificadoras" sobre os ferimentos. Mas em uma cultura na qual a cura é desconsiderada em favor da velocidade e do progresso, essa cura se torna muito mais difícil de aceitar. As mulheres têm pouco tempo de licença maternidade. Incapazes de pagar por assistência médica, pessoas colocam curativos em ferimentos mortais, temendo desesperadamente a fatura do atendimento de emergência. Outras ignoram os alarmes de incêndio disparando em seus próprios corpos e aparecem para trabalhar, dia após dia, até que colapsam e morrem. Sem mencionar o ferimento espiritual e psicológico de séculos de dominação patriarcal, colonização, genocídio e ecocídio. Mesmo nossas religiões e mitologias estão sangrando constantemente, incapazes de

[1] Bonifacio Bembo foi um artista do século XV do norte da Itália comissionado pelas famílias Visconti-Sforza para produzir o que é amplamente considerado um dos primeiros baralhos de tarô. Não se sabe muito sobre seus antecedentes, mas dada a densidade simbólica das ilustrações, podemos assumir que tinha interesses espirituais.

estancar o sangue e deixar o corte cicatrizar e criar casca. Deixamos Cristo de pé na Cruz. Deixamos Átis e Adônis sangrarem em um canteiro de flores silvestres. Ignoramos séculos de genocídio sistemático. Massacres antissemitas. Eliminação de povos indígenas. Cidades inteiras de mulheres, pessoas não binárias e "heréticos" torturados, queimados e massacrados. Não admira que sofremos de ataques de ansiedade e de uma sensação persistente de medo existencial.

Feridas estraçalhadas e profundas não podem ser costuradas de imediato. Se forem fechadas sem curar de dentro para fora, podem apodrecer e causar sépsis. Em vez disso, devem ser mantidas limpas e abertas, com músculos e tecidos se refazendo de baixo para cima até que finalmente se uniformizem em uma cicatriz. Esse não é um conserto rápido. É um processo longo, cuidadoso. A cura não pode ser apressada. Não é um processo superficial. Tem de acontecer desde as raízes.

Quando puxamos a carta da Estrela, ela oferece a paciência necessária para deixar um ferimento curar de baixo para cima. O corpo e o ritmo da psique são distintamente opostos à corrida suicida cultural. Acho que a carta da Estrela é uma carta de cura, mas é a cura profunda que não pode ser apressada. Penso no poderoso conselho de John O'Donohue em seu poema "For the Interim Time" [Pelo Período Provisório]:

O que está sendo transfigurado aqui é sua mente,
E é difícil e lento se tornar novo.
Quanto mais fielmente você puder aguentar aqui,

Mais refinado seu coração se tornará
Para sua chegada no novo amanhecer.[2]

Em seu núcleo, cura é transformação. Pele rompida produz novas células. Ossos se transformam em novas formas. Uma cicatriz cria uma tatuagem rosada surpreendente, uma textura mais sedosa. Um corpo que passou por uma doença compreende sua forma, suas limitações, seu prazer, com uma precisão quase excruciante. Do mesmo modo, a cura emocional e psicológica nos ajuda a descartar antigos padrões e mecanismos de sobrevivência, emergindo em um eu novo e vital. Mas, como O'Donohue escreve: "É difícil e lento se tornar novo".

Aqui, vamos pensar na metamorfose da libélula. Esta não é como a da simples lagarta para casulo e então para borboleta. Não. A transformação da libélula é agonizantemente lenta. Uma ninfa rompe de seu ovo, busca por água, então incuba e muda de pele. Mas esse é apenas o começo da jornada. A lava incubará e mudará de pele outras vezes, de cinco a quatorze, por vezes passando até cinco anos no processo de transformação. Por fim, após ter descartado não uma versão de si, mas muitas, a larva engatinha até a superfície da água, levantando sua cabeça e sentindo lentamente o ar. Ela respira pela primeira vez sob a proteção da escuridão. Quando literalmente tomou

---

[2] O título desse poema é "For the Interim Time" e faz parte do livro de poemas de John O'Donohue, *To Bless the Space Between Us* [Para Abençoar o Espaço Entre Nós].

fôlego, arrasta o corpo molhado para a terra, subindo no caule de uma flor ou de uma dura folha de grama onde possa repousar. Quando está segura, redistribui totalmente o líquido de seu corpo, começando a sair de si mesma. Quando está fora da "exúvia"; da cutícula do exoesqueleto descartado, a libélula viscosa e brilhante espera que suas pernas endureçam e suas asas sequem. O processo de emergência leva até três horas, geralmente ocorre no começo da manhã.[3]

A carta da Estrela nos acolhe nas águas turvas da cura lenta e transformadora. Quando os homens tentam lidar com as feridas do patriarcado, as feridas que infligiram a outros e a si, os papéis que estão tentando descartar, os papéis que estão tentando expandir, é importante lembrar que a cura verdadeira não pode ser apressada. Se não emergirmos lentamente da superfície, não daremos a nossos pulmões tempo para se ajustarem ao frio intoxicante do ar fresco. Se não dermos às nossas asas tempo para secarem, jamais conseguiremos voar. Sair das dominantes narrativas culturais envolve um processo de entristecimento, de cuidar de nossas perdas e de transformar nossos sonhos. Isso não acontece em uma hora. E não pode ser "manipulado". Em vez disso, envolve um monitoramento compassivo e diário. Como estou me sentindo? Preciso ir mais devagar?

A carta da Estrela chama os homens para o trecho de areia. Coloque um pé na água e mantenha o outro firmemente

---

[3] Para um estudo fotográfico com detalhes da transformação da libélula ao longo de seu ciclo de vida, visite o site da *British Dragonfly Society*.

plantado na terra. Sinta sua ambivalência. O movimento e a natureza escorregadia da água. A inteligência constante, resiliente, micelial do solo entre os dedos dos pés. A cultura dominante nos faria acreditar que a cura deve ser comprada. Que só pode ser prescrita por pessoas com títulos acadêmicos. A medicina moderna, incluindo a psiquiatria, não pode ter seus avanços desconsiderados, mas é importante lembrar que o mundo natural sempre foi nossa crisálida. Sempre foi nossa medicina transformadora. Enquanto os homens se movem para novos modos do masculino e sentem que é tempo de descartar uma pele antiga, para curar uma ferida de baixo para cima, necessitam somente sair e pedir suavemente: "Por favor, segure-me durante esse tempo. Por favor, mova-me lenta e amavelmente para o novo".

17

TRISTÃO E TRANSFORMAÇÃO

Escapando do Trauma da Jornada do Herói

Quem vive na tristeza é como um homem morto.
E ele desejava a morte [...]
JOSEPH BÉDIER, *O ROMANCE DE TRISTÃO E ISOLDA*

TRISTÃO ESTÁ MORRENDO PARA ESCAPAR. Literalmente, morrendo ou tentando. Ele se joga dos penhascos, das janelas da igreja, de barcos, em batalhas impossíveis e, muitas vezes, na noite escura de um oceano tempestuoso.

Tristão, um herói romântico da Idade das Trevas, é conhecido por seu malfadado amor pela princesa irlandesa Isolda, que é casada com seu amigo, o rei Marcos. A história aborda temas de dever e amor, e o triângulo amoroso central pode ter sido a base dos mitos arturianos que surgiram posteriormente.

Desde seu nascimento, Tristão foge constantemente da masculinidade típica. Quando seus pais, o rei Rivalin e a rainha Blancheflor, morrem, Tristão é adotado por um amigo de seu pai que tem *status* inferior, o qual esconde a real identidade de Tristão. Quando menino, ele foge (ou é raptado por piratas após uma traição de seus irmãos adotivos) e termina na costa da Cornualha, escapando da crença ridícula de seu pai adotivo de que deve ser educado e transformado em um cavaleiro "nobre". Ele fica famoso na corte do rei Marcos (o rei da Cornualha no século VI) por meio de um poder distintamente paleolítico: seu conhecimento acerca da caça e dos hábitos do cervo. Mas logo que sua ancestralidade real é reconhecida e talvez ele tenha que assumir o trono de Lyonesse, ou pior, ser herdeiro de Marcos, Tristão sabe que deve escapar.

Músico e trapaceiro, Tristão não quer ascender ao poder patriarcal. Em vez disso, dá o reino de seu pai biológico ao pai adotivo e escapa da tentativa de Marcos de torná-lo um herdeiro entrando em uma batalha suicida contra o guerreiro irlandês Morholt. Vitorioso, mas fatalmente ferido por uma espada envenenada que o atinge na genitália, Tristão é confrontado com dois destinos: morrer no âmbito do arquétipo masculino estéril ou se render ao oceano de algo mais velho e selvagem. Tristão, sempre o anti-herói, pede a seus amigos para secretamente deixá-lo no mar no meio da noite sem remos e somente com sua harpa. Ele deixa para trás a espada fálica e põe sua confiança na melodia e no ritmo, em vez da rigidez. Ele confia no oceano. Acima de tudo, confia em seu próprio ferimento envenenado. E como a palavra grega *pharmakon*, que indicava uma substância que era tanto veneno quanto remédio, o veneno de Tristão é também o remédio que curará o ferimento traumático da jornada de um herói solitário rumo à dominação e à morte.[1]

A espada de Morholt carregava um veneno que leva Tristão de volta à terra de sua lenda original: Irlanda. A Irlanda, onde o paganismo fora praticamente protegido dos romanos e do Cristianismo. Onde a deusa ainda sabia como transformar heróis narcisistas em mago prolífero. Esperando por Tristão na costa irlandesa, há duas mulheres. Uma mais velha, outra mais nova, mãe e filha, elas ecoam as duas deusas mais antigas da Idade do Bronze: Deméter e Perséfone, que se manifestam agora como a Rainha Isolda e sua filha, a Princesa Isolda. As mulheres o tiram do oceano e o livram de seu nome. Quando Tristão se recupera, ele adota um novo nome, Tantris, e oferece seus serviços como professor de música para a adorável princesa.

Assim, inicia a cura de Tristão. Ele não estará mais restrito à violência e à dominação. Ao deixar para trás sua espada, é transformado em um tipo mais antigo de arquétipo masculino, aquele que conta uma história com astúcia, magia e música. O que parece profundamente importante é que, em muitas versões da lenda, após esse ferimento e a jornada noturna no mar,

1 *Pharmakon* significa ao mesmo tempo "remédio", "veneno" e "droga". Filosoficamente, o termo foi usado para descrever qualquer objeto ou ideia cuja dosagem decide sua classificação.

Tristão não é mais descrito como um cavaleiro, ou associado a batalhas. Não. Ele é com frequência referido como um feiticeiro, mago ou harpista. Um Orfeu. Um amante.

Todavia, tristeza é um fardo e um traço de Tristão. Ele não só vive na tristeza, é denominado como ela, uma vez que seu nome deriva da palavra francesa *triste*. Ele recebeu esse nome em homenagem à sua mãe, Blancheflor, que morreu no parto após a notícia de que seu amado esposo, Rivalin, havia morrido em batalha.

Quanto tempo leva para uma pessoa acostumar com seu nome? A resposta a essa pergunta, para Tristão, é conhecida como trágica. Embora escape da morte várias vezes – envenenado pela espada de Morholt, pulando dos penhascos e fugindo do ódio do rei Marcos quando fica sabendo que sua esposa Isolda o traiu com Tristão –, ele não pode viver assim para sempre. Finalmente, ferido em uma luta trivial com tribos vizinhas, Tristão morre de coração partido, com febre e desonrado, com sua amada a apenas alguns quilômetros de distância.

Isolda, seu grande amor, ainda está casada com o rei Marcos, mas ao ouvir que Tristão está prestes a morrer, pega rapidamente um barco. Ela é uma grande curandeira e sabe que pode ser capaz de salvar seu amor. Mas chega muito tarde. Muitos acreditam que se Isolda tivesse conseguido chegar a tempo, a talentosa herborista irlandesa teria sido capaz de salvar seu amado. Mas, talvez, devêssemos admitir que Tristão já estava condenado. Há um limite de ferimentos – psíquicos e físicos – que uma pessoa pode suportar antes de decidir que não pode continuar caminhando, que não pode continuar deixando a narrativa levá-la adiante.

Da perspectiva do mito, vemos Tristão como um belo cavaleiro do amor, um exímio trovador com armadura brilhante e cabelos cacheados volumosos. Gottfried von Strassburg o descreve como "suave e macio", com mãos tão "brancas quanto arminho"[2]. A fascinação do rei Marcos com a astúcia e a beleza de Tristão sempre beira o erótico, como o encantamento do tutor de Tristão, Governal, e seu amigo Caerdin. Seu fascínio é alegre androginia. Ele é bonito e ágil. Jovial, mas maduro na batalha e na cama. Ele toca a harpa e muitas vezes se disfarça de bobo. Ele convida suas amantes a inversões de papéis, como no célebre episódio em que Isolda surpreende Tristão tomando banho e o ameaça com uma faca em sua garganta.

Mas vamos interromper a história, porque histórias muitas vezes são mecanismos de defesa usados para desviar da dor. O trauma pode parecer heroísmo. Pode parecer força. Soa como música bonita. Pode ser belo e bem-comportado. O que o belo Tristão realmente representa é dor.

Tristão, nascido de um coração partido, embarca imediatamente em uma série de eventos traumáticos. Ele é traído pelos irmãos adotivos, raptado por piratas e depois seriamente

---

[2] O clérigo alemão Gottfried von Strassburg escreveu sua versão de Tristão e Isolda no começo do século XIII, baseando-se na versão do século XII do poeta conhecido como Tomás da Inglaterra. O trabalho está inacabado, sugerindo que Von Strassburg morreu antes de finalizá-lo.

ferido por Morholt. É interessante que Tristão parece quase aliviado quando recebe o ferimento "fétido". Seu trauma, por muito tempo invisível, está finalmente claro para todos. Todos podem vê-lo. De fato, todos podem sentir seu cheiro. O ferimento tem mesmo um cheiro desagradável. Ele pode finalmente repousar, render-se e se colocar no mar.

Muitas vezes nosso ferimento passa despercebido e desconhecido a ponto de se tornar somatizado – ou seja, expresso por meio de sintomas somáticos. Como pesquisas sobre estresse pós-traumático têm mostrado, sistemas nervoso e imunológico desregulados podem começar a manifestar ferimentos reais como indicadores de uma dor emocional. Sobreviventes de traumas e abusos tendem a desenvolver doenças autoimunes e neurológicas terminais. Fica claro que à medida que os ferimentos psíquicos de Tristão se acumulam, seus ferimentos físicos também. Os especialistas em condições somáticas Bessel van der Kolk e Peter Levine alertam para a "compulsão desesperada por reencenação". Tristão recria ferimentos para sinalizar que não pode manter a velocidade vertiginosa ao longo de cada episódio narrativo.

O ferimento de Tristão é tanto pessoal como mítico. Ferido na genitália, recorda Átis e Adônis, mortos por javalis durante a caçada. Ele prefigura o Rei Pescador e o Amfortas, de Wolfram von Eschenbach, definhando no Castelo do Graal. Mas, talvez, de maneira mais adequada, lembre-nos do Quíron ferido, metade homem e metade cavalo. Ao longo da história, Tristão tenta retornar à sua metade "mais selvagem" buscando a floresta ou o mar. Assim como o corpo de Tristão está ferido, sua narrativa também está. Ele é um herói pagão celta, profundamente vinculado ao ambiente, arrancado de sua terra natal e reinserido em um romance civilizado cristão mais interessado no "dever" do que na ecologia sagrada. Pouco surpreende, portanto, que nosso herói seja manco. Seus ferimentos são estratigráficos. Camada sobre camada.

Enquanto é jogado em um evento após o outro, nunca é permitido a Tristão o tempo lento, não linear, não narrativo necessário para curar. Palavras nem sempre são o melhor modo de acessar a dor. Por vezes, a história não estanca o coração que sangra. Em seu trabalho seminal sobre somatização, *Waking the Tiger* (*O Despertar do Tigre*), Peter Levine escreve: "Aprendi que era desnecessário escavar velhas memórias e reviver sua dor emocional para curar o trauma. Na verdade, a dor emocional severa pode ser retraumatizante. O que precisamos fazer para nos libertar de nossos sintomas é [...] evocar nossos recursos fisiológicos profundos e utilizá-los conscientemente".[3]

Grande parte da retórica atual sobre cura é dedicada ao progresso e à narrativa. Mas o corpo não é uma história. É poroso,

---

[3] Para uma visão geral, pessoas com conhecimento inicial sobre somatização e sobre como o trauma é registrado no corpo, ler *The Body Keeps the Score* [O Corpo Mantém o Escore], de Bessel van der Kolk, e *O Despertar do Tigre*, de Peter Levine. Para um estudo revisado por especialistas sobre desregulação do sistema nervoso e TEPT, consultar o artigo de 2011, "Post-traumatic Stress Disorder: The Neurobiological Impact of Psychological Trauma" [Transtorno de estresse pós-traumático: o impacto neurobiológico do trauma psicológico], de J. E. Sherin e C. B. Nemeroff.

complicado e mutável. Necessita dançar e nadar. Necessita deitar no chão por dias, regulando de novo seu sistema nervoso com a pulsação sazonal do solo. O conceito de "cura" se tornou a exigência sensível ao tempo de uma cultura empenhada em progredir e, inconscientemente, adotado por comunidades espirituais da nova era e do bem-estar. Eles dizem que devemos ser "integrados" e inteiros novamente; devemos conquistar funcionalidade para conseguir manter a narrativa em curso. Mas um corpo não necessita passar pela cura. Necessita apenas se mover. E depois necessita ficar parado. Necessita se sentir seguro.

Quando olhamos em retrospecto para séculos de violência e opressão e começamos a confrontar os ferimentos reais que infligimos à Terra e uns aos outros, é importante que não tentemos acelerar através das dificuldades. Devemos, como Donna Haraway tão elegantemente coloca, "ficar com o problema"[4]. Por fim, a tristeza não é curada. É mantida. É honrada. É fundida e misturada. Move-se com o corpo, não através de episódios lineares, mas através da dança lenta, consciente e espiralada. À medida que os homens reconhecem o mal que causaram a outros e uns aos outros, é importante que monitorem seus corpos e o corpo maior da Terra. Vamos pegar Tristão e colocá-lo em uma montanha com uma xícara de chá. Vamos lhe dizer que pode ficar parado pelo tempo que quiser. Pois, agora, ele não precisa salvar ninguém. Não precisa sequer se salvar.

---

4 Ver, por exemplo, *Staying with the Trouble: Making Kin in the Chthulucene* e outros trabalhos de Donna Haraway.

18

O MENINO DAVI, O DAVI SELVAGEM, O REI DAVI

A Origem Baseada na Terra do Reino Bíblico

E sucedia que, quando o espírito maligno da parte de Deus estava sobre Saul, David pegava a harpa e tocava com a sua mão; assim Saul se revigorava, e ficava bem, e o espírito maligno partia dele.

1 Samuel 16:23

"Não posso ir com estas coisas; pois não as provei", Davi insiste quando o Rei Saul tenta colocar nele sua armadura pessoal (1 Samuel 17:39).

O jovem retira a armadura e se aproxima do gigante filisteu Golias "nu", exceto por um punhado de pedras lisas, um graveto e sua funda. A fim de assumir seu poder e seu reino estabelecido de maneira divina, Davi deve aceitar a profunda vulnerabilidade. Deve abordar o impossível sem qualquer dificuldade, sem qualquer adorno patriarcal. E se tornar-se rei significa retirar todos os "acessórios" do reinado? E se significa mostrar-se completamente nu?

Ler o Rei Davi como uma figura antipatriarcal parece contraintuitivo. O segundo rei de Israel é mais conhecido por sua habilidade como um guerreiro brutal e por seus casos extraconjugais. Mas é importante notar que o Livro de Samuel e a história inteira do Deuteronômio da Bíblia hebraica foram escritos entre 630 a 540 AEC a partir de tradições orais e descrições textuais existentes que depois foram editadas durante o exílio babilônico judaico.[1] A história de Davi foi desenraizada, traduzida para se adequar a motivações políticas anacrônicas e moldada para se encaixar em uma narrativa patriarcal.

Felizmente, parece que Davi não concordou totalmente com sua remodelação monoteísta. Há indicações cruciais em sua história de que estamos olhando para um herói neolítico e não para um rei da Idade do Ferro. Esse é um menino do campo, e não um soberano da cidade-Estado.

---

1 Especialista na Bíblia hebraica, Graeme Auld observa em *Eerdmans Commentary on the Bible* [Comentário de Eerdman sobre a Bíblia] que a oferta de um quarto de um siclo de prata em Samuel, 9 certamente localiza a redação do texto no "período persa ou helenista porque se sabia que um quarto de um siclo existia na época hasmoneana". O governo de Davi ocorreu por volta do século X AEC, antecedendo em muito a criação do Livro de Samuel.

A história começa com a revelação divina do profeta Samuel de que o Rei Saul não é apto para governar Israel. Em vez disso, Deus o instrui a buscar o novo rei entre os filhos de um homem chamado Jessé. Infelizmente, Jessé tem oito filhos, e Samuel, profeta do patriarcado nascente, é problematicamente orientado para uma ideia restrita de masculinidade. O próprio Saul é um homem belo e alto: "[...] não havia entre os filhos de Israel pessoa mais bela do que ele; dos ombros para cima ele era mais alto que qualquer um do povo" (1 Samuel 9:2).

Buscando outro rei clássico, Samuel imediatamente escolhe o filho mais velho e mais alto de Jessé, Eliabe. Felizmente, Deus intervém com uma sensibilidade neolítica mais antiga. Ele instrui Samuel: "[...] não olhe para a sua aparência, nem para a altura da sua estatura; porque eu o recusei; pois o Senhor não vê como vê o homem [...]" (1 Samuel 16:7). Em vez disso, ele orienta que Samuel deveria ver com "o coração".

Por sorte, um filho está ausente durante a inspeção do reino: o mais jovem, Davi. Como em muitos contos de fadas, recusar o chamado é um pré-requisito para o papel soberano. Davi não acredita que tenha alguma chance de ser o rei, o que estabelece o tema da humildade que percorrerá sua narrativa inteira. No Salmo 22:6, atribuído ao rei-poeta, ele escreve: "Mas sou um verme, e não homem". Uma moralidade simplista moderna nos leva a ler isso como modéstia. Mas acho que há uma tendência mais profunda na relutância de Davi em identificar-se excessivamente com os despojos do reinado patriarcal.

Mitos são tantas vezes abstraídos de seus ecossistemas, de suas linguagens e de seus povos de origem que é importante, quando possível, recontextualizá-los.

Que informação é inicialmente vinculada à figura de Davi? Um campo. Ele está fora – fora da lista de chamada para o reino e fora do sistema político. Em vez disso, ele está abrigado na paisagem, cercado por suas ovelhas. Seus "atributos" iniciais são o exterior e os animais. Assim, quando ouvimos Davi se chamar de verme mais tarde nos Salmos, subjacente à autonegação, percebo uma intimidade com a Terra e um reconhecimento de que o lugar de nascimento de sua narrativa é o campo, externo ao mundo humano.

Davi não só está literalmente fora nos campos, como também – ele, o rei que se tornou emblemático na linhagem da dinastia judaica – é de linhagem incerta. Davi era neto de uma mulher moabita convertida, Rute, um fato que foi calorosamente debatido quando ele ascendeu ao poder. De maneira muito arbitrária, no final, ficou acordado pelo consenso rabínico que uma avó convertida era aceitável, mas se tivesse sido seu bisavô, ele teria sido desqualificado para ser governante do povo judeu. Além de seus antecedentes nebulosos, Davi não se parece com um rei judeu tradicional, com estatura grande e pele escura. Ele é retratado como tendo aparência muito boa, mas "avermelhado" e com "olhos claros". Comparado aos seus irmãos mais altos, podemos inferir que era de baixa estatura. Isso tudo resulta na figura de um ruivo bonito, pequeno, de olhos azuis, emergindo dos campos, coberto de grama e cheirando como as ovelhas ao lado das quais dormia.

Davi, então, parece uma frutificação rizomática do sistema subterrâneo de reis lunares, de músicos mágicos e de deuses com chifres do neolítico e da Idade do Bronze. Ele vem da floresta. Da natureza. Ele será rei dos humanos, mas seu direito ao reinado surge da própria paisagem.

~

É importante notar que o judaísmo praticado na época em que Davi ascende ao poder não era o monoteísmo estrito que identificamos como judaísmo hoje.[2] Era ainda um conjunto de tradições orais e folclóricas diretamente relacionadas às antigas religiões do panteão cananeu. Robert Alter, professor de estudos hebraicos dá mais detalhes sobre evidências arqueológicas para mostrar que muitos deuses semíticos do noroeste se desenvolveram de montanhas sagradas.[3] Davi vem de um judaísmo que ainda é profundamente animista e pluralista. Os temas

---

[2] O judaísmo de hoje apresenta pouca semelhança com as tradições orais reunidas esporadicamente pelas tribos guerreiras de Israel antiga. Para uma perspectiva arqueológica e histórica sobre a história do judaísmo folclórico, ver o livro de William G. Dever, *Did God Have a Wife? Archaeology of Folk Religion in Ancient Israel* [Deus Teve uma Esposa? Arqueologia da Religião Popular na Israel Antiga].

[3] Robert Alter, professor de religião comparada e estudos hebraicos na Universidade da Califórnia, em Berkeley, apresenta uma rica tradução comentada de nuances e momentos históricos da narrativa de Davi em seu livro de 1999, *The David Story* [A História de Davi].

monoteístas do Livro de Samuel são mais indicativos da religião de seus autores do que do período histórico que narrativizavam.

Em nenhuma parte isso fica mais evidente do que no famoso confronto de Davi e Golias (1 Samuel 17). Muito jovem e franzino para lutar com os filisteus, é enviado por seu pai com "dez fatias de queijo" para seus irmãos mais velhos na linha de frente. O maior e mais feroz dos filisteus, um gigante chamado Golias, desafiara os israelitas para decidir o conflito em um único combate. Quando Davi fica sabendo do desafio de Golias, imediatamente se oferece para a tarefa: "O que deve ser feito ao homem que matar esse filisteu e evitar a difamação de Israel? [...] Que nenhum coração falhe por causa dele; teu servo irá e lutará com esse filisteu". Como esperado, todos duvidam da habilidade do menino. O Rei Saul zomba: "Tu és apenas um jovem, e ele, um homem de guerra desde sua juventude".

Davi não só é jovem como também um humilde pastor, sem treinamento para ser guerreiro.

Davi é impassível, explicando que, embora possa não ter recebido treinamento para ser guerreiro, fora muito bem ensinado por professores mais selvagens. Davi não é um guerreiro cavalheiro. Ele aprendeu a guerrear com as bestas. Como pastor, com regularidade, tinha de afastar animais perigosos para proteger seu rebanho: "Teu servo manteve as ovelhas de seu pai, e veio um leão, e um urso e pegaram um cordeiro do rebanho: e o persegui, e o golpeei, e tirei o cordeiro de sua boca: e, quando veio em minha direção, peguei-o pela barba, e o golpeei, e o matei. Teu servo matou o leão e o urso". Davi vem de uma linhagem bestial. Ele é selvagem, associado à força e à inteligência de animais. Sua preparação para a batalha e para o reino, como o menino Arthur que fora transformado pelo mago Merlin nos quatro volumes da saga *O Único e Eterno Rei*, de T. H. White, vem do mundo dos campos, dos leões e dos ursos.

Mesmo quando Davi se acostuma com a soberania e com as preocupações humanas, ele mantém uma ligação direta com as correntes animistas da paisagem. Durante as batalhas, as mensagens de Deus para ele vêm sob a forma do "som de um mover sobre a copa das amoreiras" (2 Samuel 5:24). Davi luta com leões e lê árvores. A frase estranha "som de um andar" se refere ao movimento do vento pelas folhas. O divino é movimento, a essência misturada da árvore e da própria respiração.

É apropriado, portanto, que após Davi ter derrotado Golias com habilidade e uma pedra, o texto nos diga: "Não havia espada na mão de Davi". Embora ele use uma espada e, aparentemente, matará mais pessoas do que seu predecessor Saul, Davi não começa sua história usando uma espada. Mesmo entrando no patriarcado, não começa nele. Essa é uma lição importante para o masculino. Sim, estamos *no* patriarcado. Mas não é nele que começamos.

Começamos nos campos. Com as ovelhas. E os leões. E os ursos. Antes de ser um guerreiro e um rei, Davi era outra coisa. Um músico.

A iniciação de Davi na esfera real é pela música de sua lira e pela inteligência poética. O Rei Saul é informado de que Davi "é hábil em tocar [...] prudente em questões" (1 Samuel 16:18). Embora a relação entre Saul e Davi termine se deteriorando, começa intimamente nas vibrações de um dos instrumentos míticos mais antigos: a lira[4]. Deus, incomodado por Saul não ter seguido suas instruções, diz ao profeta Samuel que Saul não tem mais seu endosso. Saul, deprimido com sua rejeição divina, só pode ser confortado pela música tocada pelo jovem músico.

Em *The David Story*, Robert Alter observa que o início da narrativa de Davi como o responsável pela morte de Golias espelha uma estrutura clássica de contos de fadas. Um menino anônimo, de aparência modesta, derrota um dragão ou monstros que ameaçam um reino. Mas e se a natureza chamativa da morte do gigante obscureceu o aspecto mais potente da história de Davi?

Um menino anônimo com uma pretensão ao reinado, que é amparada pelo divino, encanta um rei ao tocar sua lira. Eles formam um vínculo íntimo. O menino, então, desafia um gigante a uma batalha. Surpreendentemente, o menino sai vitorioso. Mais tarde, o rei, com ciúme da popularidade do menino guerreiro, tentará matá-lo. O menino fugirá para o exílio a fim de se salvar.

---

[4] Liras estão entre os instrumentos de cordas mais antigos do mundo, com exemplos encontrados em escavações em Ur (atual região do Iraque), datando de 2.500 AEC e no antigo reino mesopotâmico.

Se a história soa familiar, é porque não pertence somente ao Rei Davi. É também estrutura narrativa do mito de Tristão e Isolda.

Tristão entra anonimamente na corte do Rei Marcos, conquistando a amizade íntima do rei ao encantá-lo com sua "excelente música doce" que faz qualquer um que a ouve "esquecer seu nome". Como Davi, o instrumento de sedução de Tristão é a lira. Magro, com mãos suaves e modesto como o jovem Davi, Tristão não se apresenta como um guerreiro talentoso. Mas isso não o desencoraja de desafiar seu próprio Golias, o temível guerreiro irlandês Morhault, a uma batalha que ninguém acredita que pode vencer. Vitorioso, Tristão conquista o respeito dos súditos do Rei Marcos, um fato que deixa o rei desconfortável. E, mais tarde, Tristão também será forçado ao exílio para escapar do ódio do rei que outrora o considerava como seu amigo.

A qualidade lírica de trapaceiro orientado para a natureza do menino representa sociedades igualitárias mais antigas que eram contrárias ao governo invejoso e dominador do rei. A dinâmica do personagem pode facilmente ser associada à tensão histórica entre culturas de deusas panteístas e o surgimento de patriarcados monoteístas.

Tristão se tornará o protótipo para os romances de cavalaria. Muitos estudiosos mostraram com rigor que as lendas arturianas são traduções de versões mais antigas dos mitos de Tristão. Mas quero apontar que Tristão é uma tradução de alguém ainda mais antigo. E se os romances emergiram do subterrâneo profundo? E se seu micélio mítico inicial não estiver na Europa, mas no fundo do Mediterrâneo?

Parece óbvio que Tristão é Davi. Joseph Campbell inclusive notou que a similaridade entre os dois heróis era surpreendente. Davi, mitologicamente embora não historicamente, será o "autor" dos Salmos bíblicos, tornando-se um dos primeiros heróis da poesia lírica[5]. Tristão é o herdeiro da narrativa de Davi. Mas ele também herda um grande dom – o dom de um modo de masculinidade pré-patriarcal mais antigo.

Os dois jovens mostram que o poder real é derivado da música e da poesia. O modo de entrar em uma nova história é pela lira. Você não tem de matar os reis do patriarcado. Tem apenas de encantá-los e seduzi-los para ouvirem você. E, depois, quando tiver a atenção de todos, começa a cantar um tipo diferente de história. Um romance. Uma balada de meninos que lutam com ursos. Uma música que ainda lembra como ouvir um deus falando através das árvores.

---

5 Campbell observa as similaridades iconográficas entre Davi e Tristão em *Mitologia Criativa*, o último volume de sua série *As Máscaras de Deus*.

19

TALHE A JORNADA DO HERÓI

Criando Ecossistemas Narrativos

É IRÔNICO QUE O HERÓI FAVORITO de Joseph Campbell, Tristão, esteja tão desesperado para escapar exatamente daquilo que Campbell queria consagrá-lo: a jornada do herói.[1]

Para Campbell, o mito de Tristão sinalizava um movimento de distanciamento do misticismo coletivo para uma nova visão individualista e criativa da mitologia e do romance. Indivíduos faziam seus próprios mitos. Homens eram heróis, partindo em direção à floresta, onde ela era mais escura e densa,

---

1 Campbell popularizou o conceito monomítico da jornada do herói em seu livro de 1949, *The Hero with a Thousand Faces* [*O Herói de Mil Faces*. São Paulo: Cultrix, 1989.] Embora o tropo narrativo já tivesse sido investigado pelo antropólogo Edward Burnett Tylor e pelo psicanalista Otto Rank, a formulação de Campbell dos dezessete estágios do monomito eclipsaram rapidamente outros estudos.

para serem autores e conquistadores de sua própria valorosa e dura história. A floresta tornou-se a outra, a força contrária que tempera o herói em uma realeza alquímica. A floresta, o domínio natural, transforma-se em algo que deve ser penetrado, contra a qual se deve lutar e a qual se deve dominar, em vez da própria matriz e mãe da mitologia.

Um homem inicia uma busca. Ele encontra dragões. Donzelas perturbadas. Feiticeiros enigmáticos. Por meio de uma combinação de força astuta e bruta, ele alcança a glória individual. A estrutura é conhecida porque foi o padrão narrativo mais popular para a masculinidade desde a Idade Média. Mas a jornada do herói ainda é uma história útil?

No começo de *O Herói de Mil Faces*, seu livro seminal sobre a jornada do herói, Campbell escreve:

> O herói, por conseguinte, é o homem ou mulher que conseguiu vencer suas limitações históricas e locais e alcançou formas normalmente válidas, humanas. As visões, ideias e inspirações dessas pessoas vêm diretamente das fontes primárias da vida e do pensamento humanos. Eis por que falam com eloquência, não da sociedade e da psique atuais, em estado de desintegração, mas da fonte inesgotável por intermédio da qual a sociedade renasce.

A escrita é limpa e convincente. Sociedade e pureza são apreciadas em detrimento da escuridão e da incerteza. *Eloquência*, essa palavra pesada usada para silenciar aqueles que falam de maneira diferente da elite educada, é o dom do herói e uma batalha ao longo do tempo linear é sua história.

A teoria de Campbell sobre o monomito era suficientemente convincente: embora enfrentasse muita crítica, a jornada do herói se infiltrou na essência de nossa literatura, nosso entretenimento e nossas narrativas psicossociais. Mesmo o esperma foi transformado em pequenos cavaleiros expedicionários, viajando pela escura floresta do colo uterino até poderem fertilizar o óvulo, resumido pela ideia de Campbell de episódios-chave comuns a todas as narrativas de heróis: "encontrar a deusa" e "mulher como tentação".

Mas a jornada do herói nem sempre é a melhor adaptação. Contrário à crença popular, os óvulos são a força dominante quando se trata de fertilização, escolhendo ativamente que espermatozoide atrairá e permitirá ser implantado.[2] Agora que sabemos melhor, como soa a história do óvulo? Como é ficar parado e repleto de poder de escolha, em vez de correr para a floresta para matar dragões?

Quando alguém se identifica como homem, como é que se sente ao receber apenas uma história?

A jornada do herói é grande o suficiente para o momento atual? Acho que não. Nem mesmo a teoria neodarwinista de

---

2 Para um olhar detalhado de como o óvulo escolhe o espermatozoide, ver o artigo de 2017 de Carrie Arnold, "Choosy Eggs May Pick Sperm for Their Genes, Defying Mendel's law" [Óvulos Exigentes Podem Escolher Esperma por seus Genes, Desafiando a Lei de Mendel].

evolução linear se mostrou infalível, misturando-se cada vez mais com questões de transferência horizontal de genes e simbiogênese.[3] Em um momento em que as tecnologias do Antropoceno nos projetam milhões de anos no futuro e nos conduzem através das profundezas do tempo a lugares glaciais quando os fungos prototaxites ainda existiam, no período devoniano superior, temos de admitir que nosso mundo não é uma aventura linear, com tentações unidimensionais, dragões enigmáticos e heróis singulares recortados em papelão, em eloquência civilizada. É uma explosão politemporal de contingências, tristezas e contaminação.

Uma espécie de tremoço selvagem morre e de repente a borboleta azul Karner não consegue botar seus ovos. A pesca excessiva do límulo atrapalha a pausa crucial e a disponibilidade de alimento ao longo da migração continental do maçarico-de-papo-vermelho. Qual é a jornada de relações síncronas; delicadamente sintonizadas às estações e aos apetites de outros seres? Como múltiplas histórias com necessidades concorrentes podem coexistir?

A antropóloga Anna Lowenhaupt Tsing oferece uma abordagem convincente. Ela enfatiza que devemos investigar "aglomerados" em vez de indivíduos descontextualizados: "Aglomerados são agrupamentos abertos. Eles nos permitem investigar os

---

[3] O neodarwinismo é diferente do darwinismo na medida em que expande e modifica as teorias originais de Darwin, contribuindo para a teoria do gene e para avanços modernos na biologia.

efeitos comunitários sem assumi-los. Mostram-nos a construção de histórias em potencial".[4] Ela nos encoraja a considerar os aglomerados como polifonias: seres interagem e criam música que se condensa em beleza e, então, com a mesma rapidez, retornam ao clamor através de comportamentos não intencionais embora coordenados.

Ecossistemas são aglomerados. E nós, corpos com mais células microbiais do que células humanas, também somos aglomerados. Um acontecimento. Uma polifonia de canções diferentes, por vezes entrelaçadas, por vezes dissonantes. Essa é uma possibilidade de narrativa que, diferente da pureza e da eloquência de Campbell, acolhe a complexidade: as pessoas com deficiência, as pessoas *queers*, os refugiados, os inumanos, o viral e as próprias relações entremeadas e sobrepostas que nos levam à existência situada.

Como podemos escrever ecossistemas em vez de indivíduos? A jornada de um herói implica um herói singular e um caminho linear. Como podemos escrever histórias cujos caminhos se cruzam? Como podemos escrever histórias que refletem a realidade confusa e entrelaçada de viver dentro de um ecossistema com várias outras espécies?

---

[4] A antropóloga americana Anna Lowenhaupt Tsing propõe o termo "ecologias de fragmentos" como um modo de compreender sistemas complexos, entrelaçados, de humanos, animais, comércio, poluição e violência, em seu livro de 2015, *The Mushroom at the End of the World* [O Cogumelo no Fim do Mundo].

A ideia da aglomeração é apenas uma opção narrativa – e substituir um monomito por outro não é a resposta à pobreza de imaginação narrativa que defronta o masculino mítico. Precisamos oferecer ao masculino vários modos diferentes de expressão narrativa.

Um *holobionte* é uma aglomeração de seres que cria um todo maior. A palavra foi usada pela primeira vez em 1991 por Lynn Margulis em uma tentativa de explicar seu estudo de hospedeiros e simbiontes herdados.[5] A cada dia, novas pesquisas confirmam que microrganismos como nós, seres humanos, são intimamente sintonizados e formados pelas populações de micróbios e fungos (ou, como o microbiologista Siv Watkins os chama, "pequenos") que povoam nossos corpos. Nossas células foram criadas pela combinação de antigas células procariontes que não apresentam envoltório nuclear. Quanto mais de perto olhamos nossos corpos, mais insubstancial torna-se a ideia de um eu individual, limitado. Somos comunidades ambulantes, multidões vestidas de terno e gravata, Torres de Babel recobertas de pele.

Talvez, então, seja o momento de expandir nossa ideia de arquétipos. Arquétipos junguianos são definidos como ideias

---

[5] Lynn Margulis editou *Symbiosis as a Source of Evolutionary Innovation* [Simbiose como uma Fonte de Inovação Evolucionária] em 1991. Como bióloga evolutiva, ficou famosa por ter teorizado que a simbiose leva à evolução. Sua maior contribuição para a biologia moderna foi a descoberta de que nossas células nucleadas se originam da fusão simbiogenética de organelas separadas.

antigas, universais, modos de pensar ou símbolos que florescem a partir do inconsciente coletivo. Esses arquétipos habitam nossos mitos e folclores. E a crença é que, ao longo de nossas vidas, temos a tendência de incorporar diferentes arquétipos. Infelizmente, como ocorre com muitas tentativas de taxonomia mítica, a ideia do arquétipo se tornou um tipo de prisão. Somos a mãe, a serva ou a anciã. A alma ou a sombra. Sempre um indivíduo, sempre firmes em um estado codificado. O masculino, em particular, ficou empobrecido pela rigidez de certas abordagens arquetípicas. O que é permitido ao masculino? Rei, guerreiro, mago, amante. Estou, é claro, referindo-me ao conhecido livro dos analistas junguianos Robert Moore e Douglas Gillette, *King, Warrior, Magician, Lover* (*Rei, Guerreiro, Mago, Amante – A Redescoberta dos Arquétipos do Masculino*), no qual os autores argumentam que, para ser um homem completo, você deve "dominar" esses arquétipos.

Pouco surpreende, então, que, quando confrontados com uma seleção empobrecida como essa, os homens sejam muitas vezes empurrados para as não ditas quinta e sexta opções: o vilão e o tolo. Mas o masculino não são apenas quatro personagens de livros de história. São numerosos. E, o mais importante, o masculino não é uma estrela no céu; é uma constelação de relações, em vez de um singular concreto. Estamos repletos de vivacidade. Holobiontes. Precisamos de maneiras melhores de falar sobre expressões arquetípicas.

Vamos utilizar o tarô como nutrição vital para o masculino. Não quero descartar o rei, o guerreiro, o mago e o amante.

Quero apenas acrescentar mais arquétipos para criar uma biodiversidade de masculinidades. Um holobionte que possa prosperar, dançar de maneira flexível com a mudança e evoluir. Como muitas mitologias, o tarô chega a nós do além do horizonte da "prova". Alguns afirmam que começou no Egito. Outros dizem que é uma prática distintamente cabalística. Sabemos que o baralho mais antigo de tarô, diferente de outras "cartas de baralho", foi desenhado por um homem misterioso chamado Bonifacio Bembo em Milão em meados do século XV.

O que acho particularmente interessante sobre o tarô é que não é um mito, são muitos, e os modos de interpretação variam de um leitor para outro. O naipe de copas é sua própria cosmogonia. O de espadas, outra. Os Arcanos Maiores podem ser lidos como uma história. Cada uma das 78 cartas é uma porta para seu próprio mundo. O baralho é muitas vezes usado como um oráculo, mas acho mais empolgante usá-lo como um instrumento projetivo. Podemos puxar quatro cartas e pensar: "O que essa constelação de imagens coloca em foco? Que conversa essas quatro cartas estão tendo?". Quando leio para outras pessoas, tento lhes mostrar que não são *uma* carta. Cada pessoa é a animação confusa e interconectada de várias cartas diferentes. Não precisamos integrar esses seres dissonantes em um eu homogeneizado. Em vez disso, podemos nos deliciar na liberdade de ser inclassificável, *queer*, em movimento e, ao mesmo tempo, em processo. O entrelaçamento de uma leitura de tarô parece mais generativo e mais estreitamente alinhado à complexidade que estamos começando a explorar em nosso corpo e mente.

Estou me lembrando de minha metáfora silvestre favorita: a árvore talhada. Talhar é a prática antiga de cortar uma árvore até seu cepo, ou talo, como é conhecido. Novos brotos da árvore surgem do talo. O método, que tem sido um dos pilares no gerenciamento de florestas por toda Europa há centenas de anos, é utilizado por vários povos originários ao redor do mundo, e é uma prática central nas florestas satoyama "camponesas" do Japão, nas quais uma árvore é ceifada para atender a uma pequena demanda de lenha ou de material de construção, e seis brotos ocupam seu lugar.[6]

A imagem de uma árvore talhada sempre reluziu em minha mente de poeta, fazendo me lembrar de que nunca somos limitados a um binário, jamais estamos presos a uma "árvore" ou a um curso de ação. Por vezes, precisamos cortar uma ideia monomítica para chegarmos a raízes mais generativas no subsolo que surgirão em uma polifonia de troncos sobre o solo. Não estou dizendo que precisamos descartar a jornada do herói. Mas precisamos de uma biodiversidade de histórias. Precisamos multiplicar brotos de um tronco. Precisamos de histórias que não girem em torno de seres humanos. E precisamos de histórias que girem em torno de seres humanos.

---

[6] O estudo de Anna Lowenhaupt Tsing sobre os cogumelos matsutake em *The Mushroom at the End of the World* inclui uma análise da textura das florestas satoyama do Japão.

Esse é um convite para reduzirmos nossas ideias de progresso linear e de batalhas. Para nos suavizarmos na seiva amarela de nosso cepo por um momento. E depois começaremos a caminhar, a cantar e a brotar em tantas histórias quanto esporos no vento, bactérias em nossos intestinos, canções de amor não cantadas no canto esquecido de nossos corações selvagens.

Estou presenteando o masculino com as 78 cartas do tarô. São 78 novos arquétipos nutritivos. E convido você a se deixar viver intersticialmente nas relações e nas dissonâncias que emergem entre duas cartas. Honre seus eus selvagens, multicoloridos, holobiontes.

20

MERLIN E VORTIGERN

A Meninez Mágica Derruba o Patriarcado

VORTIGERN, O MÍTICO COMANDANTE MILITAR INGLÊS do século V, tem muitos problemas. Ele foi levado ao norte da Grã-Bretanha pelos saxões que involuntariamente havia convidado para entrar em seu país. Seu povo, o galês, também tinha raiva dele. Sua ofensa é o incesto. Ou talvez seria o roubo de uma esposa saxã? A história é confusa. Ainda assim, os principais temas são guerra, mulheres como bens materiais e desordem civil após o imperialismo romano. O maior problema, contudo, é que toda vez que Vortigern tenta construir sua nova torre, ela cai durante a noite. Os feiticeiros de sua corte o aconselham a encontrar uma criança órfã de pai. Somente o sangue derramado de um menino nessas condições retificará a instabilidade das fundações da torre, eles diziam.

Infelizmente, para Vortigern, a criança que ele intima para ser seu cordeiro sacrificial não era ninguém menos que Merlin com 14 anos.

A historicidade de Vortigern é debatida. Ele é mencionado por todos os proto-historiadores: Gildas, Beda, Nênio, Geoffrey de Monmouth. Porém, Vortigern é mais interessante não como uma figura isolada, mas em sua relação com o menino mítico Merlin. Uma parte da criação desse Merlin é de Geoffrey de Monmouth, e outra parte é o destino final da figura folclórica Emrys/Ambrósio. As lendas orais de Emrys/Ambrósio haviam circulado por centenas de anos antes que Geoffrey, o historiador com um floreio ficcional, ancorasse com firmeza o episódio na mitologia de Merlin.

E Merlin nunca obedece à lógica do patriarcado. Ele sempre aparece vindo da floresta. Nesse episódio, ele vem de um lugar ainda mais mágico: a meninez. Quando o rei o convoca, Merlin rapidamente inverte o sentido de sua sentença de morte, afrontando o rei. "Quem o instruiu a fazer isso?", ele pergunta a Vortigern. "Meus sábios", o rei responde. Merlin, com confiança, replica: "Chame-os aqui".

O simbolismo é bastante fácil de perceber. Uma criança "sem pai" é uma criança fora do monoteísmo patriarcal. Uma criança com uma lealdade para com a mãe. Quando Merlin vence os sábios e os instrui a cavar abaixo da torre, revelando um ninho de dragão, a criança do matriarcado revela a "cobra" debaixo das fundações desse novo paradigma. Esses dragões são facilmente relacionados às deusas-cobras Tiamat, Inanna,

Cibele, a Senhora do Labirinto, Eva e Medusa.[1] Merlin simplesmente revela seres terrenos ctônicos de uma humanidade mais antiga e saudável. Os dragões foram escondidos pelos romanos e depois pelos comandantes militares patriarcais, mas não o fizeram muito bem, e essa tensão é o que continua derrubando a torre de Vortigern.

A torre é facilmente entendida como um falo ou algo que penetra o céu, um monumento singular do monoteísmo. A torre desmorona porque é construída sobre a matéria/mãe que está tentando tão desesperadamente erradicar. Merlin age como um emissário de uma era anterior, mostrando o "mundo subterrâneo" de um sistema mais antigo de crenças que ainda deve ser honrado e reconhecido. É dessa descendência catabática que ele tira sua inspiração mágica. Quando revelou os dragões, o menino da história se transforma em uma profecia que desafia classificações. Cobras e animais dominam, em geral sobrepõem-se ao drama do mundo humano. O episódio se mostrou um terreno fértil para exegese, constantemente adequado e atualizado por reis, estudiosos e autores para explicar seu clima atual.[2]

---

[1] Anne Baring e Jules Cashford oferecem um argumento convincente para a mescla de cobras, monstros e deusas em seu livro *The Myth of the Goddess*.

[2] Nikolai Tolstoy fornece uma rica interpretação da história, dos textos e dos lugares associados a Merlin em seu livro de 1985, *The Quest for Merlin*.

Mas a real sabedoria desse episódio reside na juventude de Merlin. Esse não é o louco de barba branca, mas o menino de olhos brilhantes.

A situação de Merlin parece não ter saída. Mas sua mente de criança abre uma opção diferente – um alçapão nas reais fundações da torre de Vortigern. Esse é um poder disponível a todas as crianças; como Robert Macfarlane escreve em seu livro encantador *Landmarks* [Monumentos]: "Para crianças pequenas, é claro, a natureza é cheia de portas – na verdade, apenas portas [...] O que chamamos friamente de 'lugar', para crianças pequenas é um composto natural de sonho, encanto e substância".[3] Referindo-se ao trabalho da educadora Deb Wilenski, que faz mapas criativos com crianças em idade escolar, Macfarlane observa: "Nenhuma das portas que as crianças desenhavam [...] tinha fechaduras. As portas apareciam e desapareciam, mas sempre abertas dos dois lados".

Abrir dos dois lados é uma habilidade que precisamos cultivar. Precisamos reconhecer os dragões na fundação e a nutrição baseada na terra que eles ainda nos têm a oferecer mesmo após séculos de repressão. Mas devemos também nos esgueirar pela porta para o momento presente e para o amanhã sempre maduro. A porta que abre para os dois lados pode ser a união de idosos e crianças em um ato mútuo de contação de histórias.

---

[3] Conhecido por seu foco em paisagem, viagens e linguagem, em *Landmarks* Macfarlane resgata palavras da natureza que atualmente estão caindo em desuso, meditando sobre como a linguagem nos aproxima e nos afasta de nossos ecossistemas.

Contação de histórias com crianças, especialmente meninos, pareceria ser uma das formas de escaparmos da sentença de morte do patriarcado. Como podemos abordar meninos como magos formidáveis com sabedoria vital para compartilhar?

A história de Merlin parece ser fixa. Mas, então, ele revida com a pergunta transformadora: "Quem lhe disse isso?". A quem pertence essa história? Podemos contar uma história diferente? Uma história escrita torna-se fixa, mas uma pergunta falada pede uma resposta. O ritmo de chamar e responder, criação colaborativa, pode nos mostrar que mesmo quando nos sentimos presos, há sempre um alçapão. Uma nova história para contar.

O capitalismo patriarcal é a torre que continua desabando. A própria Terra é a fundação, desestabilizada pela mudança climática produzida pelos humanos. Se permanecermos na torre e dentro de nossas narrativas frágeis, arriscamos nossas vidas. Mas há alçapões em toda parte. Eles são nossas relações: com nossos ecossistemas, com animais, fungos e plantas e com crianças. Crianças ainda não aprenderam que milagres e magia são "impossíveis". Elas sabem como encontrar um reino mágico escondido atrás de uma estante de madeira velha, como encontrar os dragões sob o chão. Se pedirmos seu conselho, elas poderiam nos mostrar exatamente como escapar para a floresta em vez de construir mais torres.

21

PARSIFAL E O REI PESCADOR

O Graal Transborda com Histórias

PARSIFAL, DE WOLFRAM VON ESCHENBACH, É tudo menos um herói típico.[1] Estranho, portanto, que o romance épico do século XIII de Eschenbach sobre o cavaleiro errante tenha se tornado base para interpretações da jornada do herói. Sempre que releio *Parsifal*, fico impressionada com o quanto ele não se encaixa em uma estrutura heroica linear. Desvios são feitos. Retrospectivas são detalhadas a ponto de sobrepor os eventos principais. Os personagens entram e saem da floresta várias

---

[1] O cavaleiro, compositor e poeta alemão Wolfram von Eschenbach baseou seu romance no trabalho anterior do poeta francês Chrétien de Troyes. Uma das primeiras versões alemãs de um romance de Graal, *Parsifal* é um dos melhores registros literários das lendas arturianas. Centenas de anos mais tarde, Richard Wagner basearia sua ópera de mesmo título no trabalho de Eschenbach.

vezes sem uma iniciação simbólica. Parsifal abusa de mulheres e não se desculpa. Personagens usam bolhas gigantes de rubi em suas cabeças. Lanças provocam sangramentos verdadeiros. Castelos aparecem e desaparecem no ar. A narrativa de Gawain interrompe a de Parsifal, confundindo a tentativa dos leitores de "localizar" os protagonistas. Se essa é a jornada de um herói, então, é uma jornada fracassada que começa, recua, fracassa, recomeça e, então, explode.

Mas e se essa não é a jornada de um herói? E se, em vez disso, era a jornada de um contador de histórias?

A narrativa parece bastante simples. O menino rebelde Parsifal inicia uma jornada para se mostrar um cavaleiro digno da Távola Redonda. Mas é aí que a previsibilidade termina e a criatividade começa.

O primeiro encontro de Parsifal com o castelo do Graal e com o Rei Pescador vai mal. Confiando muito nos conselhos de outras pessoas sobre a conduta correta, ele fica em silêncio e não faz nenhuma pergunta sobre o misterioso Rei Amfortas, que, de acordo com Eschenbach, "não pode deitar nem caminhar [...] nem deitar nem ficar de pé. [Ele] encosta, não senta, com um humor repleto de suspiros". Como pode um rei com riquezas fabulosas e que possui o Graal sofrer tanto? Em vez de descobrir o porquê, Parsifal deixa os eventos se desdobrarem diante dele. Ele "lê" a procissão de lanças, flores e belas donzelas sem de fato entrar no "texto" do castelo e suas complexidades simbólicas. Ele permanece em sua própria história, abstraído em ideias sobre cavalaria e dever. Mais tarde, expulso do castelo do Graal, é advertido por seu primo Sigune: "Você fez a pergunta?".

Escrevendo sobre a importância de perguntas em perseguições e contos de fadas, a psicóloga e estudiosa junguiana Marie-Louise von Franz observa: "A libertação por si mesma como resultado do tipo certo de pergunta é universal, i.e., um arquétipo, um motivo. Na verdade, em contos de fadas é comum que os heróis que desejam obter o tesouro tenham de satisfazer uma ou mais condições especiais, cujo resultado depende da execução correta"[2].

Foi apenas no segundo convite de Parsifal para ir ao castelo do Graal que ele passou a se relacionar com o Rei Pescador, perguntando, finalmente: "O que o incomoda?".

Sim, o poder de perguntas em mitos e no folclore tem sido objeto de muita análise. Não é o questionamento, mas sim a natureza da pergunta *específica* de Parsifal que é crucial a essa narrativa.

Essa não é uma pergunta inspirada por ganância ou pela necessidade do questionador de promover sua própria glória. E não é uma pergunta retórica. Parsifal, que pedia conselho a muitos personagens, tanto homens como mulheres, ao longo do romance de Eschenbach, não está pedindo mais direção narrativa. Em vez disso, a pergunta "O que o incomoda?" sinaliza uma mudança profunda no personagem e uma ruptura no próprio texto.

---

2 A passagem pode ser lida na íntegra no livro de 1960, *The Grail Legend* de Emma Jung e Marie-Louise von Franz. [*A Lenda do Graal*. São Paulo: Cultrix, 1990 (fora de catálogo).]

A busca pelo Graal pausa e se dilata. O questionamento de Persifal parece ser o "foco florescente em uma infinidade distinta", como a poeta Lyn Hejinian descreve em seu ensaio inovador, "The Rejection of Closure" [A Rejeição do Fechamento][3]. Quando Parsifal pergunta sobre a experiência de outro ser, abre espaço no romance para o Graal real: outra história.

Parsifal escapa de seu monomito e se despoja de qualquer heroísmo individual. Sua curiosidade e compaixão abrem espaço para outra narrativa. Qual é a causa de seu sofrimento? Como isso surgiu? Como é ser como você?

Nosso sistema educacional é definido por narrativas masculinas. As pessoas que não são brancas ou homens são ensinadas a serem empáticas com essas histórias. Elas são ensinadas a habitar as histórias de pessoas que, de fato, tentaram e tentarão silenciá-las, manipulá-las e prejudicá-las. Cursos de literatura e de filosofia, quase sempre focados em perspectivas masculinas brancas, convidam leitores não brancos e não homens ao papel questionador: "O que está acontecendo aqui? O que o incomoda?". Uma educação desequilibrada dessa maneira cria narrativas malnutridas. Mas há também um dom. Ele nos ensina duas habilidades: como entrar de maneira empática na experiência de outro ser e como reconhecer que as histórias de algumas pessoas permanecem silenciosas porque ninguém lhes perguntou sobre elas.

---

3 A meditação da poeta Lyn Hejinian sobre textos fechados e abertos pode ser encontrada em sua coleção de ensaios *The Language of Inquiry* [A Linguagem do Questionamento].

Em sua autobiografia, *Recollections of My Nonexistence* [Recordações de Minha Não Existência], Rebecca Solnit escreve:

> Você deveria ser você mesmo parte do tempo. Você deveria estar com pessoas que são como você, que estão enfrentando o que você está enfrentando, que sonham seus sonhos e lutam suas batalhas, que reconhecem você. E, então, em outros momentos, você deveria ser como pessoas diferentes de você. Porque há igualmente um problema com aqueles que passam muito pouco tempo sendo outra pessoa; isso obstrui a imaginação na qual a empatia se enraíza, essa empatia que é uma capacidade para se transformar e vagar fora de seu eu único. Uma das aflições convenientes do poder é uma ausência dessa extensão imaginativa. Para muitos homens, começa na primeira infância, em que passam quase que exclusivamente ouvindo histórias com protagonistas masculinos.

É indiscutível que os homens precisam melhorar sua capacidade de pensar como pessoas e seres que não são homens. Esse não é um trabalho difícil. Acho, na verdade, que isso poderia ser agradável. Poderíamos descobrir que, como Parsifal, curamos nosso amigo "rei", conseguimos o Graal e herdamos o castelo.

Enquanto nossa capacidade de empatia floresce, nutrida pela alteridade, seremos capazes de ver possibilidades narrativas diferentes em nossa vida.

Mas não vamos ficar só na questão do gênero. Todos somos ruins em perguntar pelas histórias. Vivemos em um mundo repleto de narrativas que desconsideramos e ignoramos todo dia. A magnitude do que é o Graal na atualidade nos mostra que ele não é um lugar físico. Na realidade, é a nossa imaginação ecológica malnutrida. A Totalidade Viva da Mãe Terra está esperando que lhe perguntem por suas histórias. É que, inebriados com nossa narrativa da supremacia humana, esquecemos-nos de perguntar "O que o incomoda?".

Parsifal, quando finalmente pergunta ao Rei Pescador por sua história, aprendeu não o que significa ser um herói, mas o que significa ser um contador de histórias. Contadores de histórias precisam de um cesto de histórias. Uma variedade de histórias adequadas a diferentes estações e audiências. Contadores de histórias perguntam por histórias, sabendo que cada uma será útil em algum momento.

É apropriado, portanto, que o Graal descrito por Wolfram von Eschenbach não seja uma taça. Nem um objeto manufaturado feito para consumo. Em todos os primeiros romances, o Graal é, na verdade, uma pedra. E se o tesouro que você realmente queria veio de algo que você previamente acreditava ser inanimado e sem voz? E se ele for uma pedra?

Devemos ir às pedras em nossas vidas e perguntar a elas por suas histórias. Devemos nos aproximar da paisagem como um castelo de maravilhas. Cada abelhão aninhado na flor lilás é o Graal, assim como as vinhas enviando melodias verdes nas laterais dos prédios. Os cogumelos surgindo do solo aveludado pela chuva. Curiosidade e empatia interrogativa abrirão mundos alternativos. Devemos nos voltar uns para os outros, de braços abertos, de ouvidos atentos, e perguntar, com total atenção e absortos: "O que o incomoda?".

22

BELA ADORMECIDA, MUNDO ADORMECIDO

O Príncipe Oferece ao Masculino uma Nova Busca

A CRENÇA DE QUE O MUNDO é uma matéria bruta – conversa sem sentido e automática – é relativamente recente. Remonta ao começo do século XVI quando o surgimento do conceito de *sola ratio* – apenas razão – começou a separar ciência de fé e humanos de um mundo animado.[1] Pensadores como Locke, Newton, Espinosa e Descartes enfatizavam os "fenômenos observáveis" como um novo tipo de revelação. O que podemos

---

[1] *Sola ratio* é a compreensão iluminista segundo a qual por meio de "apenas razão" podemos dar sentido à realidade. Representava o movimento de afastamento da *sola scriptura* – usar somente a escritura como guia – na direção de uma visão cada vez mais secular da ciência e da natureza.

ver e provar, podemos acreditar. Embora essa mudança de paradigma possa ter prosperado em um modo cada vez mais sensível e interrogativo de nos relacionarmos com o mundo natural, degenerou na árvore vazia do jargão desincorporado e nas desculpas teleológicas para usar a natureza como uma reserva permanente de recursos. A filosofia ocidental tem continuamente reificado esse dualismo em sua tentativa de distinguir o humano como diferente de todo outro modo de ser. Descartes nos deu duas coisas: uma mente constituída pelo pensamento abstrato e um mundo morto.[2]

Mas se, afinal, o mundo não fosse uma matéria morta? E se, sob o trabalho malfeito de pintura do materialismo e racionalismo, o mundo animado estivesse apenas dormindo? Deixe-nos tentar escrever uma nova Busca. Uma busca que emerge em um conto de fadas como A Bela Adormecida.

O que podemos aprender com contos de fadas e com a análise deles? Contos de fadas são uma forma de literatura oral. No século XIX, os irmãos Grimm ouviram histórias de contadores de histórias e as colocaram no papel de forma narrativa. Do mesmo modo, o autor francês do século XVII, Charles Perrault, e até, discutivelmente, Shakespeare, pegaram

---

[2] O filósofo e cientista francês do século XVII, René Descartes, é famoso pela frase: "Penso, logo existo". Ele influenciou a recapitulação do dualismo corpo/espírito do cristianismo na divisão matéria/mente da ciência secular. Na visão de Descartes, tudo é uma máquina e o mundo é composto de autômatos. Somente mentes humanas existem acima e fora dessa estrutura.

histórias conhecidas e as colocaram em pergaminho.[3] Eles escolhiam palavras imbuídas de alma, vozes densas de fumaça e mãos gesticuladoras e as transformavam em páginas escritas. Essa transformação não é necessariamente negativa. Ao menos, as histórias eram preservadas e amplamente compartilhadas. Mas é importante lembrar que contos de fadas eram originalmente fluidos, entes narrativos vivos que mudavam para se adequar a diferentes ecossistemas e cenários sociais. Um texto escrito é mais permanente, mas tem muito mais dificuldade para evoluir. Como Karen Armstrong explica em *The Lost Art of Scripture*, as histórias eram originalmente eventos somáticos, vividos, ritualizados, em vez de objetos escritos e estáticos. Era amplamente reconhecido que teriam de ser atualizadas constantemente para se adequarem a necessidades únicas de um momento histórico.

Menciono isso porque os textos "originais" de *A Bela Adormecida*, que chegaram a nós por Giambattista Basile em 1634, e, antes ainda, por *Le Roman de Perceforest* [O Romance de Perceforest], giram em torno de estupro e abuso. Mas essas não são as histórias originais. São apenas os primeiros textos escritos a que tivemos acesso, os quais foram traduzidos por escritores homens já profundamente impregnados por sistemas hierárquicos que se beneficiavam da dinâmica abusiva do

---

[3] Charles Perrault foi um escritor francês do século XVII conhecido por popularizar a concepção moderna do conto de fadas. Ele explorou o folclore oral e histórias locais para criar sua coleção de contos, *Histórias de tempos passados, com moralidades*.

poder. Não poderíamos entrar no papel dos contadores de histórias e "atualizar" essas narrativas para o presente?

A versão de Charles Perrault oferece uma interpretação interessante sobre a história. Nela, a princesa é colocada em um sono encantado em um castelo onde tudo também está dormindo: animais, humanos e plantas. Uma rede vasta e entremeada de rosas cresce em torno desse castelo, de modo que ninguém pode entrar. A cena lembra o Éden, aquele primeiro paraíso perdido; neste caso, protegido não por um anjo com uma espada flamejante, mas pela própria vegetação, que produz seus espinhos e vinhas e flores fascinantes. Na versão de Perrault, o castelo, coberto de vegetação por tanto tempo, torna-se associado a ogros e espíritos obscuros. Destemido e curioso, o ousado príncipe consegue somente pela força do desejo atravessar as encantadas copas espinhosas. Sua curiosidade e disposição para se envolver com a "escuridão" dissolve qualquer dificuldade. Nenhum dragão é combatido. Nenhum sangue é derramado. O castelo "se abre".

O príncipe termina encontrando sua bela princesa dormindo profundamente na cama. Extasiado, cai de joelhos em júbilo. Essa não é a ogra que ele poderia ter temido encontrar em um lugar assim, ou a escuridão na qual se jogou voluntariamente. O resultado do conto de fadas é muito mais doce e surpreendente. Sentindo a chegada de seu amado, a princesa acorda e exclama: "É você, meu príncipe?".

Em vez de colocar o príncipe e a princesa fazendo amor ou cortando direto para o casamento, a versão de Perrault, traduzida por Christopher Betts, nos dá uma alternativa maravilhosa:

> O príncipe, encantado com essas palavras, e muito mais com o modo como foram proferidas, não sabia como mostrar sua alegria e gratidão [...] Chorou mais do que falou – pouca eloquência, muito amor. Ele estava mais perdido do que ela, e não precisamos ficar admirados com isso: ela teve tempo de pensar no que lhe dizer; pois era muito provável (embora a história não mencione nada sobre isso) que a fada boa, durante um sono tão longo, houvesse lhe dado sonhos muito agradáveis. Em resumo, eles ficaram conversando por quatro horas e, ainda assim, não falaram metade do que tinham para falar.

A imagem elaborada é de um discurso curioso e entusiástico. O príncipe vem perguntar à princesa por seus sonhos, seus pensamentos, suas ideias. Eles conversam por "quatro horas", e está implicado que a união deles será mais do mesmo. Eles compartilham histórias, anseios e desejos. E, enquanto fazem perguntas um ao outro, esbarram nas palavras corretas e tentam desesperadamente se comunicar, o castelo inteiro desperta. Plantas se desenrolam e florescem. Cavalos relincham. Gatos lançam um olhar sonolento para um rato que dormiu por uma centena de anos aninhado no pelo reluzente de seu predador. Cozinheiros, dormitando nas cozinhas, despertam e começam a preparar um suntuoso banquete.

A busca do príncipe em A Bela Adormecida é a busca do despertar do mundo. A Bela Adormecida não é apenas uma bela princesa em lençóis de seda. Ela é o solo seco. Os ácaros, os fungos e os invertebrados que animam nossa vida sem sequer serem notados. A Bela Adormecida é o rio no fim da rua onde está nossa casa. Os ulmeiros lutando contra as pragas. As abelhas voando em padrões químicos desorientados ao longo de jardins perfumados com pesticidas.

Talvez, o príncipe nos mostre um novo modo de questionar. O que significa despertar para a animação do mundo fora da nossa porta de entrada? É importante termos consciência da mudança climática e do ecocídio ao redor do globo. Mas é igualmente importante termos consciência das preocupações imediatas do ecossistema no qual estamos diretamente inseridos. Podemos despertar para nossos ecossistemas locais de maneira simples e carinhosa. Podemos fazer caminhadas na natureza e aprender os nomes das plantas nativas. Podemos encontrar uma vibrante colina de musgo onde sentamos todos os dias e observamos o mundo, abrindo-nos para encontros surpreendentes. Que seres diferentes chegam? Que vento sopra entre as árvores com uma história vaporosa? Quando despertamos para as histórias e vozes desordenadas de nossos ecossistemas íntimos, podemos adotar um papel mais sério: o de intérpretes de sonhos.

Pois essa é a magia real da Bela Adormecida. Ela estava sonhando por cem anos. Estava vivendo no domínio mítico, recebendo novas histórias, encantos e rituais. O príncipe chegou para receber esses sonhos, essas histórias. Com a princesa, ele as libera de seu sono e as ativa, despertando o movimento. As plantas, os fungos, os animais, as pedras e as paisagens em torno de nós não têm livros. Mas têm sonhos. E se de curiosidade entrarmos nos espinhos e matagais, poderemos começar a receber esses sonhos antropocêntricos.

Estamos vivendo no pesadelo da razão há bastante tempo. O mundo morto não oferece socorro nem conforto quando confrontamos a face aterradora de nossos delitos e nossa violência. Mas, felizmente, há sonhos melhores para ter. Fora de nossa cabeça. E eles têm a mesma textura da vivacidade que constitui nossa respiração e o chão debaixo de nossos pés. Vamos pedir às copas, aos espinhos e às rosas que nos deem sonhos melhores. Vamos assumir o papel importante de compartilhar essas novas histórias inumanas.

23

DISSOLVA O SAGRADO MASCULINO E O DIVINO FEMININO NA ANIMAÇÃO DIVINA

O Sagrado Transborda o Humano

EMBORA TENHA COMEÇADO MEUS ESTUDOS PELAS lentes do Divino Feminino, não acho mais que seja grande o bastante para mim. O oposto do patriarcado não é o matriarcado. O oposto da civilização não é um retorno idealizado à caça e à colheita do Paleolítico. O oposto de um humano não é um animal, uma rocha ou uma folha de grama. O oposto de nossa adversidade atual – colapso climático, perturbação social, extinção, migrações em massa, solastalgia, genocídio – é, de fato, a desintegração completa dos opostos.

Tudo são dois. E mais. E tudo está penetrante, dolorosa e selvagemente vivo.

Animação é uma palavra sobredeterminada, mas a ideia do Divino Feminino também é. A razão pela qual comecei a me afastar do Divino Feminino e do Sagrado Masculino é sua infeliz identificação com gênero e, mais importante ainda, sua identificação exagerada com humanos e suas classificações geralmente míopes. A animação é mais felpuda. Elástica. Mais semelhante ao musgo. Parece um lugar macio para repousar enquanto tento compreender e explicar o quão sensível o mundo é para mim nesses dias.

Estou atraída pela constelação de significados que brilham como estrelas distantes na palavra *anima*: respiração, espírito, alma. E *animar*: dar vigor ou vida, dar alma. Desfruto o animal em si, peludo, chifrudo, com cascos, garras, escamas e indeterminado, que corcoveia, ladra e uiva dentro da palavra. Desfruto o modo como filósofos tentam clipá-la gramaticalmente, como um nervo espasmódico, e ela continua se contraindo. É um termo que considero mais estreitamente relacionado ao significado original da palavra *encanto*: a expressão performativa. Evocar magia. Mitificar. Historiar. Fazer acontecer. *Animação* é o grau em que o ente de um substantivo é sensível. É a "alma" que revitaliza a sintaxe com algo muito além da linguagem.

Enfim, sou uma poetiza, e minhas escolhas muitas vezes nascem de um solo mais escuro que o do senso comum. Animação, para meu eu poeta, parece o "tudo" de meu atual ecossistema de vida. As agulhas de tapeçaria azul brilhante atravessam as anêmonas virginianas e os trevos. Os abutres circulam em um céu nebuloso. Os micróbios em meu intestino, mantendo-me viva e nutrida. O micélio debaixo de meus pés, mantendo o solo unido.

O oposto do antropocentrismo não é algum Gênero Divino. O oposto do antropocentrismo é Tudo. E que coisa bela e suave é caminhar ao ar livre em uma manhã clara de primavera. Faixas de luz clementina tiram o pólen dos tijolos de um prédio próximo. O canto do pisco-de-peito-ruivo é como a chave girando em uma fechadura. Algumas pombas descem de uma nuvem verde avermelhada de um bordo recém-coberto de folhas. Que alívio perceber que, diferente de Adão e Eva, não fomos expulsos do Paraíso. O Tudo ainda nos inclui.

Nós somos o Tudo, mas ele precisa de algo em troca. Precisa que dissolvamos nossa concepção de consciência como uma propriedade puramente humana. Ou como uma propriedade puramente animal. Ou como uma propriedade puramente individual. Relações são conscientes. Anima é a inalação, carregando moléculas, esporos e feromônios da paisagem para o nosso corpo. E, então, expiramos, compartilhando células que se agarraram às nossas células mais profundas, dormidas na medula de nosso sangue. A cada expiração, nos decantamos de volta ao mundo.

Como poderíamos ser um, ou dois, ou três? Somos mais gerúndio do que substantivo frio, rígido. Mais animação do que estritamente animal. Dotamos de alma o mundo, que nos dá alma de volta. Nossos mitos sobre individuação e linearidade não apresentam mais todo o problema. E todo o amor.

Precisamos parar de projetar nossas duas mãos como se isso provasse que tudo vem em dualismos opostos. Quantas mãos uma árvore tem? E a peônia? E o pica-pau-de-topete-vermelho? Quantas mãos o micélio está usando para tecer a ligação da planta até a árvore através do solo?

O Divino Feminino não é grande o bastante para todas as relações que me mantêm e me constituem nesses dias. Ele afina minha linguagem em uma relação individualizada. Mesmo que inclua santos e a "mãe terra" e todas as mulheres, é fácil cair na linguagem do singular. Uma mãe. Uma relação. Uma expressão sagrada de gênero. Uma temporalidade. Um animal consciente. Uma espécie.

Não estou jogando fora, o Divino Feminino. Estou descartando seu *em*. Dissolvendo-o. Misturando-o na mais confusa animação politemporal de tudo que toco, mudo e transformo.

A Terra animada é um verbo. Um conjunto de verbos. Um sistema micorrízico entrelaçando uma floresta inteira. Uma respiração compartilhada. Uma celebração no meio do verão para a qual todos estão convidados.

24

RESSUSCITE O NOIVO

O Cântico dos Cânticos e a Ecologia como Namoro

Aquele que tem a noiva é o noivo.
Evangelho segundo João 3:29

Noivo é um dos epítetos mais populares de Jesus, aparecendo mais de quinze vezes ao longo do Novo Testamento, e incontáveis vezes nos textos gnósticos e apócrifos. A cristandade romanizada, uma invenção criada em descompasso com o mago galileano por mais de cem anos, interpreta mal o noivo como o companheiro da igreja.[1] Mas o povo judeu da Judeia e

[1] Os quatro evangelhos canônicos que se propõem a contar a história da vida de Jesus foram escritos muito tempo depois e milhares de

da Galileia teria sentido uma ressonância muito diferente quando Jesus se chamou de noivo. Eles teriam pensado imediatamente no noivo do Cântico dos Cânticos.

O Cântico dos Cânticos se destaca nas escrituras judaicas. Não tem a ver com moralidade ou lei. Não faz grandes afirmações espirituais. O tema do cântico é o amor – amor erótico, impaciente – entre um noivo e uma noiva. Criado oralmente por volta do século VI AEC, o texto é um campo verde, um Éden prático, transbordando de mel e erotismo tão densos e desordenados que se abre e ultrapassa todas as metáforas empregadas pelo autor. "Meu amado é um cervo... minha amada é uma pomba... um narciso... minha amada é como romãs... seu cabelo é como um rebanho de cabras." Nenhuma metáfora é o bastante para abarcar o desejo pelos amados. As metáforas se amontoam tão rápido que o efeito é menos poesia e mais paisagem passando pela janela em um passeio de carro pelo interior.

"Teus lábios são como um fio de escarlate, e tua fala é agradável, as tuas têmporas são como um pedaço de romã em

---

quilômetros de distância da realidade histórica vivida por Ele – e na língua de seus autores (o grego copta). É importante compreender que os evangelhos refletem mais as agendas políticas e sociais dos protocristãos romanos do que a perspectiva de um rabino galileano iletrado. Essa discrepância é explorada exaustivamente em *The Historical Jesus: The Life of a Mediterranean Jewish Peasant* [O Jesus Histórico: A Vida de um Camponês Judeu do Mediterrâneo], de John Dominic Crossan, em *Os Evangelhos Gnósticos*, de Elaine Pagels, e em *The Lost Art of Scripture*, de Karen Armstrong.

tuas tranças. O teu pescoço é como a torre de Davi, edificada para um arsenal [...]", fala um dos amados (Cântico dos Cânticos 4:3-4).

Os corpos inquietam o texto, assim como o desejo corpóreo. Mas cada corpo humano está porosamente participando no mundo sensual. Seios se tornam cervos. Amor se torna vinho, que se torna mel, depois leite, depois perfume, em um processo alquímico tão fluido que nos sentimos transbordados pela linguagem em um amor que não é mais limitado pelo humano. O noivo e a noiva abrem um mundo que está ativamente se abrindo para eles.

Esse, penso eu, é o domínio descrito por Mel Y. Chen, professor de estudos de gênero, em seu livro *Animacies* [Animacidades]. Chen nos conta que essa animação "ativa novas formações teóricas que perturbam e desfazem diferenças de sistemas binários persistentes, incluindo dinamismo/estase, vida/morte, sujeito/objeto, falar/calar, humano/animal, corpo natural/corpo artificial [...] A animação tem a capacidade de reescrever as condições para a intimidade"[2]. A paisagem que o casal do Cântico dos Cânticos habita não é um ambiente. É uma consanguinidade. Uma relação participativa que lhes provê da linguagem do amor. Ela parece, na verdade, "corporificá-los". O noivo e a noiva são menos discretos do que

---

[2] Em *Animacies*, um estudo interdisciplinar unindo sexualidade, raça, ecologia e matéria, Mel Y. Chen escreve: "Animacidade é formada pelo que e por quem conta como humano, e pelo que ou por quem não".

holobiontes: conjuntos de relações que constituem um todo maior. Cedros, narcisos, raposas e romãs.

Não surpreende, portanto, que o autor jamais busque diferenciar as vozes. Por vezes, claramente, ouvimos a noiva. Outras vezes, o noivo. E, uma vez, os irmãos da noiva falam: "Apanhai-nos as raposas, as raposinhas, que estragam as vinhas, porque as nossas vinhas têm uvas tenras", lemos mais adiante no cântico (Cântico dos Cânticos 2:15). Quem são as raposas? Isso sequer importa? Elas surgem da animação do desejo e depois mergulham de volta nela, demonstrando que o que importa é menos a personagem e mais a vivacidade – a animação pulsando ao longo de cada apelo em cascata e substantivo perfumado.

Amor e animais. Pessoas apaixonadas ficam tão misturadas que me lembram células simbiogenéticas. Como a bióloga evolutiva Lynn Margulis nos mostrou, a evolução nem sempre é linear.[3] Eventos evolutivos importantes tornam-se possíveis não por um percurso lento, ascendente, contínuo, mas por parcerias imprevisíveis e transferência horizontal de genes. É por meio dessas relações complexas que nossas células se originaram. E se não precisássemos entrar em um casamento sagrado? E se já estivéssemos em um? Até às células de uma escama de pele seca. Intimidade contaminada em nosso âmago. Amor em cada parte vibrante.

---

[3] Para saber mais sobre Margulis e sua pesquisa, ler seu livro de 1998, *Symbiotic Planet: a New Look at Evolution* [Planeta Simbiótico: Um Novo Olhar para a Evolução].

Estou propondo um novo casamento sagrado: líquen. Esse perverso casamento simbiótico de fungos e algas. No começo, a parceria parece muito simples. Os fungos produzem açúcar e as algas fotossintetizam luz. Mas, quanto mais de perto olhamos, mais confusa e *sexy* essa união fica. Esse não é um casamento de opostos iguais. É um pote misturado de multiplicidades. Esse não é um casamento dualista de opostos. O líquen parece ser uma alternativa fértil ao antigo *hieros gamos* heterossexual, também conhecido como um casamento sagrado ritualístico.[4] Como podemos caminhar na direção de uma união mais extática e mesclada com o mundo? Não precisamos de uma temporada de casamentos sagrados para garantir que o milho crescerá. Precisamos de lembretes diários de que estamos todos relacionados mutuamente e nos transformando. Precisamos afrouxar nossas ideias sobre sexo e nossos rituais exauridos de heteronormatividade e começar a dançar com outras espécies. Nossas células são feitas de um amor que não é estritamente penetrante nem determinado por gênero. É liquenizado.

O erotismo sem pudor e entusiástico do Cântico dos Cânticos coloca-se em um claro contraste com o resto do Antigo

---

[4] Recentemente líquen se tornou uma metáfora comum para sexualidade e parceiros não normativos. Um tratamento maravilhoso da ciência e da poesia acerca do líquen é o trabalho de 2015, "Queer Theory for Lichen" [Teoria *Queer* para Líquen], de David Griffiths. Para uma melhor compreensão das origens da "liquenização", ver o trabalho de 2015, "Lichenization: the Origins of a Fungal Life-style" [Liquenização: As Origens de um Estilo de Vida Fúngico], de David Hawksworth.

Testamento. Por que, então, o famoso estudioso e rabino Akiva, no século I, declara que embora todos os escritos sagrados sejam santos, o Cântico dos Cânticos é o "Santo dos Santos"?

O Cântico dos Cânticos nos oferece um modo alternativo de masculinidade. Esse não é o noivo assexual, carente, da igreja de Cristo. Esse é o homem tão consumido pelo amor que afrouxa suas fronteiras e se transforma em folhas de grama. Esse é um noivo tão enraizado em seu corpo, e no corpo de sua amada, que não pode evitar se enraizar ainda mais, na fervilhante animação do mundo sensual. Tanto noiva quanto noivo se "constroem" de maneira mútua por meio de tudo que está disponível. Cada metáfora constrói um amado ao fragmentar o humano: apagar uma bochecha com uma romã e os lábios com lírios. O amor deles é uma ecologia participativa e entrelaçada. Isso é uma cosmogonia e um poema de amor. Cada gota de óleo de nardo e cada pena de pombo constroem um mundo.

Esse é o Jesus que quero ressuscitar. O homem que conhecia a união amorosa densa e enredada que estava convocando ao se chamar de noivo. Jesus sabia que esse era o título mais santo de todos. Esse é um homem consciente de que namorar a pessoa amada é realmente namorar a paisagem inteira, extática, perfumada e caótica. Esse é o Jesus que contou histórias sobre sementes de mostardas e lírios. Aquele que dormiu no chão sob o sereno da Galileia.[5] E se oferecermos esse novo arquétipo aos homens? Como seria incorporar o noivo?

---

[5] Uma recriação detalhada e adequada do ponto de vista histórico da vida do mago galileano pode ser encontrada no livro de 2000 de Bruce

Vamos libertar os homens da busca solitária na floresta escura. Vamos lhes oferecer o namoro como um novo modo de questionar. O namoro como explosão de rituais heteronormativos obsoletos. Que significaria ir lá fora e começar a seduzir as árvores? As raposas? O campo? Vamos reconhecer que o mundo é uma noiva verde: divertida, viva, resplandecente e antecipatória. Esperando para ser persuadida a florescer por uma canção, uma mão estendida, um noivo.

Chilton, *Rabbi Jesus: An Intimate Biography* [Rabino Jesus: Uma Biografia Íntima].

25

OSÍRIS

O Homem Verde Original

"Os campos riem [...] a oferta de Deus desce", diz uma das primeiras referências ao deus Osíris nos Textos das Pirâmides do Reino Antigo. Escritos em pedras, esses textos datam de cerca de 2300 AEC, plantando Osíris em um mundo tão distante do nosso que qualquer tentativa para entrar nele se parece com um sonhador tentando contar um sonho. Felizmente, os egípcios eram artesãos habilidosos com uma inclinação para contação de histórias, construção de monumentos e registros de rituais de celebração, pensamentos e ritos funerários. Assim como uma constelação envolve as estrelas em uma imagem mais ampla, podemos usar esses fragmentos materiais para constelar uma imagem – um sonho – do deus vegetal do mundo subterrâneo.

Temos inúmeras imagens de Osíris, pintadas em pergaminhos, gravadas em pedra calcária, moldadas em ouro, grama e barro.[1] Em quase todas, ele está verde e veste a coroa de penas que prefigura seu filho falcão Hórus. Suas pernas estão envoltas com faixas de mumificação, claramente vinculando sua metade inferior ao mundo subterrâneo e ao ciclo generativo de terra e morte. Esse vínculo das pernas ecoa antigos deuses e deusas serpentes do Paleolítico. Sua forma humana está emergindo do submundo e da pele da cobra de uma ordem de divindade mais antiga e menos antropocêntrica. Osíris faz a ponte entre elementos e espécies. Ele nasceu do céu e da terra, seu pai, o deus da terra Geb, e sua mãe, a deusa do céu Nut. Seu filho será um pássaro.

Osíris segura o cajado e o mangual. O cajado representa sua habilidade de trabalhar com animais, especificamente, ovelhas, enquanto o mangual debulhará o trigo. Sua responsabilidade para com o mundo das plantas e o dos animais literalmente "cruza seu coração". Ele entra e sai do cultivo sóbrio e sistemático dos campos e das plantas para o domínio sonhador da embriaguez extática, apresentando cerveja e fermentação ao seu povo e viajando o mundo com sua esposa, Ísis, para compartilhar seu poderoso sacramento. Seu culto é associado

---

1 Uma das melhores coleções de imagens, lendas e análises históricas de Osíris pode ser encontrada em *Osiris: Egypt's Sunken Mysteries* [Osíris: Mistérios Submersos do Egito], de Franck Goddio e David Fabre, criada como uma contrapartida da exibição de 2015 de mesmo nome no Instituto do Mundo Árabe em Paris, França.

a *ba*, ou alma. A palavra foi associada ao carneiro e ao culto do animal com chifres. Claramente, chegamos a uma versão mais antiga da figura vegetal europeia conhecida como o Homem Verde, usando chifres que mais tarde será herdada por deuses como Dionísio, Cernuno e Pã.

Diferentemente dos deuses vegetais que vieram depois dele, conectados, sem dúvida, a um subsolo micelial vivo, Osíris não está no controle dos elementos. Não. Ele *é* os elementos. Ele não observa passivamente enquanto o Nilo inunda a terra, nutrindo o solo. Seu corpo *é* o rio, engolido pelas monções nos planaltos da atual Etiópia e encolhido até a morte e o mundo subterrâneo durante estações de seca. Uma análise atual do mito nos diz que Osíris é um deus que está morrendo e ressuscitando. Mas é mais adequado dizer que é um rio diminuindo e aumentando, uma manifestação sazonal. Um processo fluvial que é corretamente honrado como divino.

E o rio osiriano flui para os campos, "fazendo-os rir". [2] Essa pequena frase, de mais de quatro mil anos, é o poderoso sonho verde que Osíris ainda nos oferece. O rio é um deus. Os campos estão vivos. O deus é menos ser e mais relação: água e solo se misturando para criar uma terra fértil. Leveduras, trigo e calor fermentando em sacramento. Céu e Terra. Animal e planta.

---

[2] Esse antigo fragmento sobre "rir" foi incluído na página 74 no capítulo "Harvest and Homage" [Colheita e Homenagem] do livro de 2018 *Living with the Gods: On Beliefs and Peoples* [Vivendo com os Deuses: Sobre Crenças e Povos], do historiador de arte britânico e ex-diretor de museu Neil MacGregor.

Em uma versão homóloga aos dias atuais do mito osiriano, o deus verde chega exatamente no momento em que o deus do sol Rá praticamente superaqueceu o mundo até à morte. Ajudado pela astúcia de sua poderosa esposa Ísis, Osíris consegue superar o deus mais antigo e oferece suas águas refrescantes à terra em brasa. Estamos vivendo em uma época de entropia ecológica. O deus do sol Ra é nosso vício pelo progresso. Precisamos, mais do que nunca, das águas refrescantes de diferentes histórias. Osíris pode nos ensinar a pensar como um rio, a pensar como um ecossistema de interconexões. Precisamos tomar decisões do ponto de partida das relações, e não da ideia ficcional de espécies isoladas. Assim como pensamos e oramos de maneiras diferentes, poderíamos ser capazes de ouvir de maneira diferente também. De repente, um dia, o rio transborda, e os campos explodem em riso.

Infelizmente, após o início da celebração vegetal de Osíris, seu mito torna-se trágico. "Oh, senhor, esse é o resíduo? Inacreditavelmente [...] trazido ao portão do templo, Oh, senhor, isso é união, afinal?", pergunta a poetiza H. D. em *Trilogy* [Trilogia], sua meditação transcendente sobre Osíris e o sincretismo.[3] O tom é triste, lembrando-nos de que Osíris não é o rei vivo, mas o amado assassinado e lamentado de Ísis.

---

[3] Ofuscada por seus pares masculinos Ezra Pound e T. S. Eliot, Hilda Doolittle, conhecida como H. D., foi uma das fundadoras do movimento imagista. Seu trabalho *Trilogy* é lido em geral como um poema de guerra civil, embora suas preocupações sejam mais abrangentes e profundamente espirituais.

O mito conta que o irmão de Osíris, Set, tinha inveja de seu poder e concebeu um plano repleto de detalhes para tomar seu trono. Ao organizar uma festa em honra a Osíris, Set manda fazer uma caixa de cedro com as dimensões exatas do irmão. Como diversão, sugeriu que quem coubesse na caixa deveria ser verdadeiramente divino, Set propôs que seus convidados entrassem nela um a um. Quando Osíris se deitou na caixa, claro, coube perfeitamente. Nesse momento, contudo, Set e seu homem de confiança apareceram e cortaram o rei em pedaços. Fecharam a caixa e a jogaram no mar.

O mito tem muitas variações. As mais completas e menos confiáveis são as versões romanas de Heródoto e Plutarco. A versão mais curta diz que Ísis recuperou o corpo do esposo e conseguiu ressuscitá-lo por um breve momento nos pântanos de papiro, tempo suficiente para copular com ele enquanto pairava, em formato de uma pipa, sobre seu corpo. Set interferiu novamente, cortando o corpo do irmão em quatorze partes, um fato que estudiosos conectaram aos quatorze dias da lua minguante, tornando Osíris um rei lunar. A magia real ocorreu quando Ísis, agora grávida de seu filho-pássaro, Hórus, tornou seu horror e tristeza em alquimia, "plantando" partes do corpo do esposo pelo Egito. O corpo de Osíris, não mais um rei, transformou-se no próprio reino.

Há um convite óbvio aos homens aqui. Que caixa é a sua? Em que armadilha vocês sempre caem de maneira inconsciente? É um mito sobre força e estoicismo? É uma negação da tristeza e da complexidade? Onde vocês se beneficiam dos sistemas de opressão? Onde vocês restringem seu eu suave e expansivo para se encaixar no molde de ideias simplistas de masculinidade?

Mas penso que Osíris tem uma lição ainda maior e mais confusa para todos nós: o composto.

A veneração do deus morto era basicamente feita em cisternas de jardim chamadas de *vegetans* Osíris, elas tinham o formato de um homem e todos os anos sacerdotes depositavam, em camadas, terra, trigo, vinho, especiarias, alimentos e plantas, durante um mês, e encharcavam o recipiente com água até que algumas sementes aleatórias começassem a brotar do "deus". O deus composto era venerado e depois enterrado com amor em uma encosta ou levado ao rio, completando o ciclo virtuoso de vida e morte, crescimento e decomposição.

Nossos ecossistemas são constituídos por ciclos constantes de crescimento e decomposição. Interrupções nesse ritmo podem ter efeitos estranhos que destacam por que a vida deve sempre ser equilibrada pela decomposição.

Durante o período Carbonífero, há aproximadamente trezentos e sessenta milhões de anos, uma primeira floresta de plantas cuja base era madeira criou enormes depósitos de matéria vegetal morta que começaram a se acumular sem se decompor. Merlin Sheldrake explica em seu cativante livro sobre fungos, *Entangled Life*, que, à medida que essas camadas de madeira morta se acumularam, tanto carbono foi capturado que níveis de dióxido de carbono na atmosfera caíram drasticamente, provocando um evento de resfriamento global. Os restos fossilizados dessas camadas compactadas de matéria não decomposta são agora a fonte de nosso maior inimigo: o carvão, substância que hoje alimenta a mudança climática. Sheldrake conjetura que foi somente quando o fungo de podridão branca "aprendeu" a decompor e a compostar os depósitos que o clima começou a se estabilizar. As camadas de carvão que não foram descompostas representam um período de ausência fúngica.

Isso traz à mente Jesus. Diferentemente de Osíris, Orfeu e Dionísio, que, de maneira generosa, deixam seus corpos desmembrados para se decompor em reinos, a ressurreição desincorporada de Jesus o remove do ciclo de morte e decomposição. O Cristianismo e sua descendência maligna, o capitalismo patriarcal, recorda aquela ausência fúngica e aquelas camadas tóxicas de matéria não decomposta. Fixado em ascensão, o Cristianismo esquece que você não pode fazer o corpo desaparecer. Ele tende a ficar por aí.

Estamos lutando para sair de nossas caixas, individual e globalmente. Capitalismo. Antropocentrismo. Patriarcado. Sistemas de hierarquia e dominação. Mas diferente de nossos garfos de plástico e do escoamento tóxico, esse "resíduo" não pode ser simplesmente descartado. Se simplesmente descartamos o que não funciona, isso começará a se acumular e a nos atolar. Já estamos vendo a manifestação literal disso. Países de lixo nadam pelo oceano. O ar se torna denso e confuso com a poluição. A cultura do descarte não funciona. Osíris nos ensina a plantar as partes mortas no chão e a fazer um composto. Como podemos parar com a toxidade?

Osíris nos convida a fazermos um inventário de crenças. Onde estão nossas caixas? Onde nos encaixamos em um paradigma que terminará nos matando e matando todos que amamos também? Como podemos começar a fundir e misturar esses padrões de comportamento que nos mantêm ajustados à rotina do capitalismo patriarcal?

Ísis, jardineira do corpo de seu esposo, mostra-nos que quando fazemos compostos, também fazemos amor. Amor como terra. Amor como vegetação. Como H.D. sugere, isso poderia ser "união, afinal". O processo de decomposição pode ser *sexy*. Poderemos germinar novas histórias, novos amores e novos crescimentos somente se nos rendermos à magia transformadora da decomposição.

26

O QUE É A MATÉRIA?

Uma Interpretação Micelial do Evangelho de Maria Madalena

"A MATÉRIA SERÁ DESTRUÍDA OU NÃO?" é o início do fragmento do Evangelho Gnóstico de Maria que chega a nós em copta saídico.[1] E, na verdade, essa é a pergunta. A matéria é inerentemente má? Ela representa o mundo de ilusões? Deveríamos nos esforçar para sair dela?

O Cristianismo moderno é um mar de abstração e culpa. Mas muitas vezes sentimos que há um Jesus diferente por trás do mártir exaurido e melancólico, que nos chega traduzido

[1] O Evangelho Gnóstico de Maria é encontrado em um códice de papiro do século V, escrito em copta, junto a outros famosos tratados gnósticos como o Sofia de Jesus Cristo e o Apócrifo de João. Esses textos estão em *The Gnostic Bible* [A Bíblia Gnóstica], editada por Willis Barnstone e Marvin Meyer.

pelo imperialismo e pelo patriarcado. Um Jesus que, como nos conta o Evangelho de Tomé, encoraja um encantamento e uma conexão com nossos ecossistemas.[2] Quais foram os ensinamentos reais de Jesus? Como realmente era esse rabino histórico chamado Yeshua?

Quando os pergaminhos do Mar Morto e os textos de Nag Hammadi foram finalmente traduzidos e popularizados por estudiosos como Elaine Pagels, parecia que estávamos tendo acesso a um Jesus mais autêntico. O gnosticismo, previamente compreendido somente por meio de tratados escritos por seus detratores, de repente se tornou diretamente acessível para nós. Poderíamos ler seus textos e tentar recriar as metodologias espirituais de seus seguidores.

Eu também abrigo um sentimento profundo de que os textos gnósticos, em particular o Evangelho de Tomé, oferecem-nos um vislumbre da contação de histórias baseada na natureza astuta do mago peregrino Yeshua. Eles focam menos a profecia bíblica e a conformidade moral; e mais a experiência interior, altamente subjetiva, da revelação espiritual. Mas sempre houve uma dissonância entre a sabedoria astuta dos textos gnósticos e sua rejeição da matéria, dos corpos e da

---

2 O Evangelho de Tomé é uma das coleções mais antigas dos evangelhos de Jesus. Uma parte da descoberta de Nag Hammadi, de 1945, mostra que o texto é composto de enigmas e falas que, embora similares a passagens dos evangelhos sinóticos, não ocorrem dentro de um conjunto narrativo. Baseados em referências ao evangelho em cartas e a uma denúncia dele por Atanásio, bispo de Alexandria, estudiosos postularam que o original poderia ter sido escrito em 60 EC.

existência terrena. A cosmogonia gnóstica nos vê como "centelhas de espírito" que caem em um mundo de matéria que continua a nos iludir com suas falsidades.[3]

Inicialmente, o desinteresse dos gnósticos pelo pecado e pelo arrependimento é revigorante, mas rapidamente se rearticula na dicotomia de matéria e espírito, de ilusões terrenas e compreensão iluminada.

É tentador voltar e mexer nesses textos para encaixá-los em nossa sensibilidade moderna. Queremos que encorajem incorporação e também nos ensinem a acender nossa centelha divina interior. Mas pode ser mais útil, e mais compassivo, "ficar com o problema", pegando emprestado novamente o conceito de Donna Haraway. É isso também o que Jesus do Evangelho de Tomé nos instrui a fazer.

É difícil situar exatamente quando o gnosticismo surgiu, mas estudiosos, em particular James M. Robinson e Gershom Scholem, concordam que não antecede o Cristianismo e que tem antigas origens cristãs. Outros, incluindo Pagels, conjeturam que tenha emergido diretamente após a destruição do Segundo Templo em Jerusalém e do genocídio em massa do povo judeu pelos romanos no fim do século I. Isso, para mim, oferece uma explicação que ressoa em minha carne, minha "matéria". Uma compreensão moderna do TEPT e da somática nos diz que quando uma pessoa vivencia um trauma sério,

---

[3] Para a coleção completa e comentada dos textos gnósticos, consultar *The Gnostic Bible*, editada por Willis Barnstone e Marvin Meyer.

muitas vezes se desassocia a fim de sobreviver. Isolamos nossa mente do sofrimento de nosso corpo como um mecanismo de escape. Essa resposta instintiva protege as pessoas que estão passando por episódios inimagináveis de violência. Mas quando fica arraigada no sistema nervoso, a desconexão pode provocar sofrimento físico e psicológico.

O gnosticismo, embora rico em percepção espiritual, parece intimamente permeado pela violência e pela ameaça de obliteração. Judeus foram perseguidos e mortos pelos romanos. Os primeiros cristãos foram também demonizados e executados. E, depois, finalmente, a nova igreja cristã, apoiada pela força militar romana, sistematicamente matou e eliminou quaisquer comunidades cristãs divergentes. A espiritualidade estava intimamente conectada ao sofrimento físico. O corpo e o mundo material eram a fonte de grande tristeza e sofrimento. O corpo poderia ser capturado, mutilado e morto. Seu templo sagrado havia sido saqueado. A cidade havia sido queimada até às cinzas. Não admira que os gnósticos busquem ascender para escapar de um mundo que parece ter apenas sofrimento. Eles buscavam consolo em um espírito tão abstraído do domínio dos sentidos que não podia registrar as atrocidades da vida cotidiana. A matéria será destruída ou não?

O que deveríamos fazer com a aversão dos gnósticos ao corpo? Quero oferecer uma resposta muito gnóstica. Textos que representam uma perspectiva histórica cristalizada sempre nos perturbarão. Mas textos espirituais se calcificam quando não são atualizados. Não é fácil colocar uma incorporação do amor na visão de mundo gnóstica. Mas podemos imaginar um novo tipo de gnosticismo, usando esses textos antigos como inspiração. Quero oferecer uma nova interpretação do Evangelho Gnóstico de Maria como uma primeira tentativa de atualização de uma perspectiva gnóstica.

Quando Maria Madalena pergunta a Jesus sobre a matéria, ele responde: "Toda a natureza, todas as formações, todas as criaturas existem em outras e com outras e serão transformadas novamente em suas raízes. Pois a natureza da matéria se transforma apenas nas raízes de sua natureza"[4]. Podemos encontrar paralelos no mundo das comunidades micorrízicas, que conectam e constituem árvores, plantas e animais. Por exemplo, como a ecologista florestal Suzanne Simard explica, diferentes micélios se infiltram em sistemas de raízes de plantas e árvores. Alguns micorrizos envolvem as raízes. Outros entram nas células das raízes. Isso parece um modo enraizado de imaginar como "todas as criaturas existem em outras e com outras". A rede hifal do subsolo bebe açúcares fotossintetizados de seus simbiontes (parceiros simbióticos) enquanto também faz circular nutrientes, água e carbono entre árvores, transmitindo mensagens e avisos e "pensando" o solo no ser biodiverso. Essas redes de fungos decompõem folhas e detritos, reciclando nitrogênio, minerais e carbono.[5]

---

[4] Refiro-me à tradução do Evangelho de Maria presente em *The Gnostic Bible*, editada por Willis Barnstone e Marvin Meyer.

[5] A ecologista florestal canadense Suzanne Simard foi uma das primeiras a mostrar que os fungos micorrizos transferem nutrientes de uma

Sob essa perspectiva, podemos inverter nossa compreensão antropomórfica de uma árvore. As partes de madeira e folhas poderiam ser vistas como as pernas e os pés, enquanto a mente da árvore é delicada e enraizada pelos dendritos nos micorrizos do solo.

O imperativo gnóstico é ir para dentro e articular nosso caminho especializado em direção à iluminação. Somente depois, na morte, nos uniremos à "mônada" da unidade. Mas e se essa mônada estivesse incorporada e presente o tempo inteiro? E se a inteligência conjuntiva constituir o chão sobre o qual caminhamos? No Evangelho de Maria, Maria Madalena explica os ensinamentos de Jesus, dizendo: "Ele não vê através da alma nem através do espírito, mas a mente que está entre os dois é que vê a visão"[6]. Interpreto isso como a inteligência do intersticial. O tecido conjuntivo que pensa não através da individuação, mas através de uma rejeição de binários, uma celebração da continuidade e da colaboração. E se a mônada fosse micélio, decompondo a vida e depois nutrindo-a e reconstruindo-a novamente? Quando Jesus nos aconselha a entrar nas raízes, podemos entendê-lo de maneira literal.

Sua sugestão pode ser entendida como um tipo de consciência caleidoscópica, entrando e saindo de outros tipos de pensamento. Como é a centelha divina de uma árvore? Do solo?

---

planta para outra. A história dessa pesquisa está em sua autobiografia de 2021, *Finding the Mother Tree*.

6 Refiro-me novamente à tradução do Evangelho de Maria presente em *The Gnostic Bible*, editada por Willis Barnstone e Marvin Meyer.

Das mentes de hifas entrando e saindo dos sistemas de raízes? Podemos nos transformar em nossas raízes e perceber que elas se conectam com outras raízes, e mais outras, e outras... e assim por diante até que nosso corpo não seja um cérebro localizado, mas um gerúndio cintilante: conectando-se, combinando-se e transformando-se.

Por que Deus vem entre nós? A resposta de Jesus é simples: Deus quer que cada natureza "retorne às suas raízes". A importância não está na abstração mística, mas na realidade tátil de nossa incorporação em um tempo e ecologia específicos. Como nossas investigações espirituais podem nos levar a uma conexão maior com o mundo mais-que-humano? Quando meditamos, não vamos nos deixar ascender, mas descer.

Há algum tempo tenho estado menos interessada na alma, e muito mais interessada na terra. Assim, estou oferecendo uma nova máxima gnóstica: dotar de alma é dotar de solo. Alma é solo.

27

BATA EM SI MESMO

A Suma Sacerdotisa Desperta o Masculino

ENTRE NA ÁGUA COM CUIDADO DEIXANDO a temperatura encontrar o padrão de suas veias. A corrente fria e verde serpenteia rio acima, tecendo pelas treliças de seus vasos capilares. Enquanto você se ajusta, entra cada vez mais fundo até que, finalmente, mergulha, imergindo por completo. Um último olhar para cima, um globo difuso de luz solar pendurado como óleo derramado na superfície, e então você mergulha no mundo subterrâneo.

Esse é o domínio da Suma Sacerdotisa. Líquido. A tranquilidade de folhas de aspen com o lado prateado para cima antes de uma tempestade. O redemoinho fraco e perolado de linfa atrás de uma orelha ou na pele suave da virilha. Segredo. A água interna do corpo. A figura da carta usa uma coroa e é emoldurada por romãs, recordando sua irmã acima da terra, a

Imperatriz. A seus pés uma lua crescente enraíza com firmeza seu tempo cíclico e seu momento sazonal. Suas mãos repousam levemente em um pergaminho chamado Torá, ligando-a à exegese espiritual. Como estudiosos do tarô observaram, as letras podem ser facilmente trocadas para "Taro", vinculando o texto espiritual judaico ao mundo das cartas.[1] Ela está sentada entre dois pilares salomônicos, um branco e um preto, representando as dualidades que ela reconhece, mas não adota. Ela flui no limiar – o tecido conjuntivo aquoso de relações em vez do absoluto sem margens de polaridades.

A Suma Sacerdotisa, em muitas interpretações, representa mistérios superiores e intuição: a época da lua nova escura, quando devemos confiar em nossa visão interior para navegar. "Bata em si mesmo como se fosse uma porta e caminhe em si mesmo como se estivesse em uma estrada reta", aconselha um texto gnóstico. "Pois, se você caminhar nessa estrada, é impossível se perder [...] Abra a porta para você mesmo, você pode saber qual é. O que quer que você abra para si, você se abrirá."[2] A Suma Sacerdotisa sempre se sente intensamente gnóstica na medida em que está desencantada com a religião

---

1 Rachel Pollack analisa o simbolismo dessa palavra em seu livro *Seventy-eight Degrees of Wisdom*. [*Setenta e Oito Graus de Sabedoria*. São Paulo: Pensamento, 2022.]

2 Essa citação pode ser encontrada nos Ensinamentos de Silvano, datado por volta de 150 EC, como parte da biblioteca de Nag Hammadi. A tradução que estou usando é de Elaine Pagels em seu livro *Os Evangelhos Gnósticos*.

hierárquica e com adoração a gurus. Ela não quer que deleguemos nossa intuição. Ela gentilmente nos empurra para fora do templo, da igreja, da academia, de volta para nosso corpo. Ela diz: "O único conhecimento que tenho é que você sabe melhor como deveria viver".

O problema é que nossa cultura nos ensina a não confiarmos em nós mesmos. Não sabemos mais como identificar plantas medicinais, como cultivar nosso alimento ou como construir nossas casas. Dizem-nos tão consistentemente para trabalharmos apesar da dor física e para ignorarmos os "conselhos" de nosso próprio corpo que ficamos insensíveis à informação vital que nossos sistemas nervoso e imunológico estão tentando transmitir todos os dias. Quando ignoramos sinais de alerta por muito tempo, eles podem se manifestar como doença física.

Cartas do tarô, astrologia, psiquismo, fitoterapia e trabalho corporal, em geral, são vistos como "leves" ou femininos. A cultura dominante caracteriza essas práticas como bobas. Mas é importante lembrar que elas são caracterizadas dessa forma porque a Inquisição, durante séculos, conseguiu erradicar populações inteiras de curandeiros e sensitivos. É mais fácil debochar das bruxas quando todas já estão mortas. O genocídio tem o hábito de transformar os instrumentos dos oprimidos em piada. Os homens são socializados pelo capitalismo patriarcal a acreditarem que qualquer coisa que não seja estritamente quantificável, "científica" ou lucrativa não pode ser útil. Eles são sempre treinados a delegar sua percepção sensível. Os homens são exilados das práticas que poderiam ajudá-los a bater em suas próprias portas e entrar em contato com suas verdadeiras vocações e autoexpressões.

Mas não é apenas o masculino que luta para se conectar à intuição real. Práticas intuitivas modernas se tornaram campanhas publicitárias em tom pastel. Oferecem orientação sobre como se ajustar à opressão criando "paz" em sua vida. Essas práticas são realizadas por mulheres asseadas e magras que nos dizem para nos esforçarmos mais e comprarmos mais cristais. Isso não tem a ver com nos encontrarmos. Tem a ver com fingirmos que podemos nos comprar.

Intuição real não é algo de tamanho único. E não é uma voz interior. É uma porta para uma participação maior na paisagem ao nosso redor. É uma estrada sob nossos pés que é também uma parte íntima de nós – incluindo a poeira, o bolor, os ácaros e os carrapatos. Quando batemos em nós mesmos, descobrimos que não existimos em um vácuo digital. Nossa voz interior não é tão interior. É um chamado e uma resposta para o mundo através de nossos sentidos. Nossa voz interior é o gosto amargo em nossa boca, estimulando em nós um apetite por verdes carminativos que nos prepararão para climas mais quentes. O cheiro indefinível de uma pessoa amada perfeitamente adequado ao nosso microbioma e DNA. O brilho alegre de um tentilhão que aparece no caminho de nossa corrida matinal, lembrando-nos de uma amiga igualmente alegre para quem deveríamos ligar e saber como está.

A Suma Sacerdotisa está farta de práticas espirituais desarraigadas e capitalistas que prezam os indivíduos em vez das relações. Ela diz que a intuição não é um trabalho solitário. Não. Ocorre entre os pilares da dualidade. Ocorre no rio que flui entre paisagens, carregando detritos, sedimentos e pólen. Nas raízes que se entremeiam pelo solo, ouvindo o sussurro da água subterrânea.

A Suma Sacerdotisa convida o masculino a se abrir para diferentes formas de conhecimento. Como seria acreditar que a luz solar tinha algo a dizer? Acreditar que a lua poderia nos ensinar mais sobre nossas paisagens emocionais? Ela convida todos nós a acessarmos as formas únicas pelas quais nos conectamos ao mundo ao nosso redor. O que achamos belo? O que nos convida a entrar? As plantas, os animais, os cheiros e as experiências que achamos atrativos são como flores atraindo polinizadores. Eles nos atraem a fim de nos ensinar. Quanto mais seguirmos o caminho de nossa curiosidade, mais chegaremos à nossa real intuição enraizada. Vamos encontrá-la florescendo debaixo de uma velha castanheira. Tomando sol em uma pedra quente. Projetando sua cabeça verde acima do lodo preto do rio. "O que quer que você abra para si, você se abrirá."

Não somos diferentes dos ambientes nos quais vivemos. Nossos olhos e ouvidos e nossas bocas e narinas se abrem a um mundo de informações sensíveis que têm a habilidade de nos alimentar, vestir e atrair para a alegria. Quando nos abrirmos para o mundo mais-que-humano ao nosso redor, ele nos enviará de volta mensagens com nossa própria voz. Nós o abriremos. E, depois, nos abriremos.

28

O REINO DA PERPLEXIDADE

Jesus Gnóstico e o Poder Transformador da Admiração

Procure e não pare de procurar até encontrar.
Quando encontrar, você ficará perturbado.
Quando ficar perturbado, você se maravilhará.
Evangelho de Tomé

Busque ser perturbado para se maravilhar, instrui o Jesus/Yeshua gnóstico do *Evangelho de Tomé*, assinalando imediatamente que essa não será a narrativa escatológica de pecado e redenção familiar do Novo Testamento. Nosso destino não é a cruz, a ascensão ou a autoflagelação. Não. A perturbação é nosso veículo e maravilhamento – ou perplexidade, como aparece em outras traduções do original copta –, é nosso objetivo.

Temos acesso ao Evangelho de Tomé mais tarde, mas provavelmente é uma das primeiras coleções dos ensinamentos de Jesus. De acordo com o estudioso do Novo Testamento, Helmut Koester, os apotegmas de Jesus, formulados como uma conversa com seus discípulos, podem inclusive anteceder os evangelhos sinóticos de Marcos, Lucas e Mateus.[1] Mas em razão de denúncia de gnosticismo e outros ramos "heréticos" do Cristianismo no começo do século II, esses textos estavam perdidos até que, em dezembro de 1945, um agricultor chamado Muhammed al-Samman chutou um jarro de cerâmica vermelho no deserto e descobriu os agora famosos manuscritos de Nag Hammadi, contendo entre eles o Evangelho de Tomé. O trabalho de estudiosos, incluindo Elaine Pagels, tem integrado as traduções e sínteses da paisagem fértil e textual dos modos alternativos do Cristianismo descritos nesses manuscritos.

Nenhum dos textos de Nag Hammadi oferece um contraste mais marcante à ortodoxia moderna do que o Jesus caprichoso do Evangelho de Tomé. O evangelho inteiro está voltado para a criação de uma sensação de vertigem nos leitores em virtude de ambiguidade, paradoxo e enigma. Começa na primeira linha quando quem narra se apresenta como Dídimo Judas Tomé, que é traduzido, de modo aproximado, como Gêmeo, Judá, o Gêmeo. *Tomé* (Tomas) significa gêmeo em aramaico; e *Dídimo*, gêmeo em grego. Gêmeo é duplicado. A

---

1 Ver, por exemplo, *Ancient Christian Gospels: Their History and Development* [Evangelhos Cristãos Antigos: Sua História e Desenvolvimento] e outros trabalhos de Helmut Koester.

voz de Jesus está aninhada dentro de um narrador já desestabilizado pela duplicação. O efeito é menos de confusão e mais de dilatação. Olhamos para a página, e personagens duplicam, triplicam e florescem.

O Jesus do Evangelho de Tomé está constantemente modulando seus ensinamentos entre união e solidão: "No dia em que você era um, transformou-se em dois. Mas quando se tornou dois, transformou-se em um".[2] Mas essa é uma fala mais fácil em comparação a "Bem-aventurado o leão se um humano o come, tornando humano o leão. Bobo é o humano se um leão o come, tornando humano o leão".

Estudiosos observaram que muitas das máximas, embora desconcertantes, têm relação com a vida de um agricultor galileano e são similares às parábolas do Novo Testamento. É interessante também observar que o Evangelho de Felipe, outro texto de Nag Hammadi, ocorre no mesmo códex que o Evangelho de Tomé e apresenta a conhecida passagem que mostra a relação entre Jesus e Maria Madalena: "A companheira do salvador é Maria Madalena. Mas Cristo a amou mais do que a todos os discípulos e costumava beijá-la muitas vezes na boca". Essas "histórias" mais difíceis, como estudiosos como Harold Bloom e Elaine Pagels propõem, poderiam nos convidar aos ensinamentos mais autênticos do mago e rabino galileano?

Talvez a escavação histórica seja menos interessante do que o maravilhamento que o evangelho inspira repetidamente

---

[2] As citações do Evangelho de Tomé, neste capítulo, vêm de *The Gnostic Bible* de Willis Barnstone e Marvin Meyer.

em seus leitores. "Não sou seu mestre", Jesus repreende os discípulos. Em vez disso, ele lhes diz repetidas vezes que o reino já chegou e está presente agora. "Saiba o que está diante de tua face", ele simplesmente aconselha. Essa não é a plenitude mental espiritualmente materialista praticada por corporações que buscam melhorar a produtividade dos empregados. Essa não é a "paz" estéril que nos ajuda a nos acomodar melhor à opressão. Não, essa é a participação extática com o mundo natural. Essa é a experiência interpenetrativa de admiração que ocorre somente quando percebemos que o mundo é uma polifonia de vivacidade.

"Parta um pedaço de madeira. Eu estou lá. Levante a pedra e você me encontrará lá", instrui Jesus. O "me" do qual fala não é ele, mas o reino de admiração. O cheiro da essência da madeira do cedro adentrando nossas narinas é o reino. A admiração que sentimos da larva prateada ao luar sob a pedra é o evangelho secreto.

Vivemos em um momento em que estamos lamentavelmente cegos ao reino. O filtro sensorial – o processo neurológico de filtrar estímulos "redundantes" de nossa experiência sensível para criar uma realidade homogeneizada – tem sido reforçado pelo patriarcado e pela civilização. Literalmente, não vemos "o que está diante de nossas faces".

Ao lermos as histórias de milagres em textos antigos, rimos do fato de que nossos ancestrais acreditavam em "magia". Mas e se a magia é real? E se ainda está aqui? Quando codificamos expectativas, limitamos nossa habilidade de experienciar surpresa e admiração. Em suma, fica cada vez mais difícil mudar nossa mente e vivenciar o maravilhamento sob uma pedra ou em um pedaço de madeira. Esperamos o ordinário e o recebemos de volta, tornando-nos cada vez mais desencorajados com o passar do tempo, mesmo quando atrás de nossas cortinas, montanhas se movem e reinos de sementes de mostarda explodem. Por sorte, nosso cérebro é maleável. Ainda há métodos para ampliar a participação com a animação divina do mundo natural.

Embora ultimamente tenha havido grande entusiasmo sobre os efeitos terapêuticos de enteógenos (cogumelos, LSD, alucinógenos), acho que é importante enfatizar que o psicodélico nem sempre tem de ser a intervenção de uma substância. Não é uma dose heroica ou uma experiência isolada. Estudos de IRM (Imagem por Ressonância Magnética) que olham para a funcionalidade da rede de padrão do cérebro demonstram como enteógenos operam para desligar os centros do "ego" de nosso cérebro; também já mostramos que outros exercícios produzem tomografias cerebrais similares.[3]

Estou falando, é claro, sobre a prática que Jesus oferece no começo do Evangelho de Tomé. Maravilhamento avassalador. Estupefação. Admiração. Essa risada chocante que nos levanta

---

[3] Para uma explicação mais abrangente de como os psicodélicos operam no cérebro, ver o livro *How to Change Your Mind* [Como Mudar sua Mente], de Michael Pollan, e o estudo de 2018, "Classic Hallucinogens and Mystical Experiences: Phenomenology and Neural Correlates" [Alucinógenos Clássicos e Experiências Místicas: Fenomenologia e Correlações Neurais], de Frederick S. Barrett e Roland R. Griffiths.

pelo cangote como uma mamãe gata transportando seus filhotes. Esses momentos não são focados no individual. São sempre um envolvimento participativo com o mundo. Com a paisagem, com a respiração e com o clima. Com flora, fauna e fungos. Essa, acho, é a experiência psicodélica mais transformadora que podemos ter: fluindo repetidamente no ecossistema e deixando isso fluir de volta para nós. A admiração não é a experiência veloz de tomar um comprimido ou uma cápsula. Mas ir pelo mesmo caminho todo dia. Sentar sob a mesma árvore todas as manhãs. Lenta e tranquilamente nos abrir ao que está diante de nossa face.

O Jesus messiânico dos evangelhos romanizados prega descontentamento. O reino está sempre além de nosso alcance. Mas o Jesus astuto do Evangelho de Tomé diz: "O que você está procurando chegou". O reino está sempre disponível, além de nosso filtro sensorial. Os milagres não estão extintos. Temos apenas que nos abrir o bastante para deixá-los entrar. Então, identificamos o pisco-de-peito-ruivo construindo seu ninho com penas de êider e gravetos. Ou a salamandra-pintada dançando ao longo do asfalto escorregadio molhado de chuva. Partimos uma pedra e encontramos o reino. "Qualquer coisa entregará seus segredos se você amá-la o bastante" é uma citação atribuída a George Washington Carver. O Jesus de Tomé nos ensina que a chave para o reino é nossa habilidade para nos centrar em nossa relação com o lugar, com o momento presente e com a sensibilidade da Totalidade Viva. Quanto mais amamos, mais vemos. Talvez, então, perturbados pelo amor, derretidos na alteridade, maravilhemo-nos.

29

CURANDO O CURANDEIRO

Dionísio Renaturaliza Jesus

O reino do céu é semelhante a um grão de semente de mostarda, que um homem tomou, e semeou no seu campo. Que, na verdade, é a menor de todas as sementes; mas, quando crescida, é a maior entre as hortaliças, e torna-se uma árvore, de modo que vêm as aves do céu, e se aninham nos seus ramos.

MATEUS 13:31-32

FOLHAS DE MOSTARDA ERAM A MALDIÇÃO dos agricultores galileanos.[1] Elas invadiam plantações, inundavam campos e expulsavam grãos. Dominavam jardins de ervas. O que Jesus está

---

1 Em 78 EC, quase contemporâneo à vida de Jesus, Plínio, o Velho, escreveu sobre as folhas de mostarda em *Natural History* [História Natural], traduzido por John F. Healey: "Elas crescem inteiramente selvagens

realmente dizendo na parábola acima? O reino do céu é tão astuto e tenaz quanto uma erva daninha. O reino do céu é um processo de renaturalização. Olhe para suas outras parábolas, ao longo do Novo Testamento e dos textos gnósticos, e você verá que os ensinamentos de Jesus são sempre ecológicos.

A parábola do semeador é desconcertante. Mas quando removemos nosso filtro antropocêntrico, entendemos que Jesus está explicando a polinização selvagem e intuitiva de pássaros e animais, em vez de um cultivo sistemático. Seja como os lírios, os pássaros, as crianças, ele nos diz. Seja um transeunte, seja um ninguém, ele diz no Evangelho de Tomé. Que tragédia, então, que esse astuto mago galileano seja lembrado como um deus do ascetismo e da morte. Não só isso, mas nos esquecemos da ecologia de sua terra natal. Com base em registros históricos e pesquisas ecológicas, a Galileia de Jesus e grande parte da Palestina tinham uma vegetação rica, exuberante e densamente florida. O estudioso de Madalena, Michael Haag, descreve o lugar como muito semelhante ao interior repleto de morros de Provença, na França.[2]

[...] uma vez semeadas dificilmente pode se livrar do lugar dela, porque quando a semente cai germina imediatamente".

2 Em seu livro de 2016, *The Quest for Mary Magdalene* [A Busca por Maria Madalena], Michael Haag reúne fontes primárias para elaborar uma imagem da Palestina no período do Segundo Templo. Grande parte das informações sobre o clima e a ecologia da Judeia e da Galileia vem de Josefo, um historiador judeu e contemporâneo de Jesus, que registrou descrições detalhadas da vegetação e da vida cotidiana.

Um deus que opera milagres na vegetação e no vinho declara: "Eu sou a verdadeira videira"? Quem ele lembra? Não precisamos entrar no labirinto de provas para afirmar que Jesus era Dionísio.[3] Também seria fácil dizer que era Átis, Osíris ou Orfeu. A verdade é provavelmente muito simples: um histórico rabino judeu cujos ensinamentos eram baseados na natureza tornou-se exclusivamente disponível para a interpretação mítica, e os seguidores de Dionísio estavam preparados para se converter ao Cristianismo. A relação se encontra no subsolo. Não é necessário desenterrá-la completamente.

O Evangelho de João apresenta uma semelhança surpreendente com *As Bacantes* de Eurípides. O casamento em Canaã, onde se diz que Jesus transformou água em vinho, é uma cópia direta dos milagres dionisíacos realizados todos os anos no distrito de Ellis, na Grécia antiga, onde copos de pedra repletos de água também se transformavam da noite para o dia em vinho. O classicista inglês A. D. Nock em *The Journal of Hellenic Studies* [Revista de Estudos Helênicos] mostrou definitivamente que os autores do evangelho aproveitaram uma oportunidade para retratar Jesus como uma nova versão do deus antigo. Mas Jesus é rapidamente destituído dos traços que fazem Dionísio tão fértil. A vinha desaparece tão logo é arrancada e pregada à cruz.

---

[3] Em seu livro de 2020, *The Immortality Key*, Brian Muraresku argumenta que o cristianismo inicial era idêntico ao culto a Dionísio, herdando um sacramento fermentado e o culto a um deus-vegetal morto/ressuscitado.

No momento em que os ensinamentos orais de Jesus são traduzidos do aramaico e escritos na língua do império que o executou, ele é desenraizado. Talvez possamos pensar Jesus e o Cristianismo hoje como um vaso de planta: anêmica, com manchas de podridão, arrancada de um ecossistema natural que não existe mais. É claro que seus ensinamentos são facilmente corrompidos. Não têm mais um sistema de raízes vinculando-os à matriz micelial e matrilinear de uma paisagem que vivia em comunhão fluente com o judaísmo, literalmente aceitando os ossos ricos em minerais de ancestrais para formar solo novo, aceitando oferendas de sangue e alimento em ritual, respondendo às mãos de cultivo e às linhas de salmos/canções de gerações remontando aos originais agricultores de grãos, os natufianos.

Não só os ensinamentos de Jesus são desarraigados pela língua de seus opressores (copta e grego), como lhe é negado o mais sagrado dos ritos – sepultamento e reintegração à terra de sua pátria. A ressurreição de Jesus não é decididamente um evento natural. Enquanto Dionísio é desmembrado e utilizado como composto para regenerar a Terra, Jesus é desincorporado, sem deixar cadáver algum para trás. Seu mito sai do ciclo virtuoso da decadência e, assim, sai da capacidade de entender e cuidar da natureza. Essa é a diferença-chave. Os Evangelhos desincorporam Jesus, enquanto Dionísio é basicamente um deus de incorporação.

Acho que agora é importante não provar uma antiga relação entre os dois deuses, mas estimular uma nova. Jesus foi separado da ecologia de seu ensinamento por bastante tempo. Ele nunca foi plantado no chão que tanto amava, foi forçado, em vez disso, a evaporar no celibato estéril. Vamos pedir a Dionísio para devolver Jesus à sua Galileia, à sua vinha, às suas sementes de mostarda. Dionísio oferece a Jesus um pouco de vinho e lhe pede, não conselho espiritual, mas as histórias sobre flores, animais e peixes de sua terra natal que não existe mais. Essa cura poderia se estender para muito além da escritura.

Dionísio pode ensinar os homens a curarem outros homens. Ele ensina os homens a perguntarem como o patriarcado traduziu mal suas paixões, esperanças e mágoas. Ele os convida a voltar para a ferida aberta de onde foram desenraizados da sabedoria umbilical da conexão de seus corpos com a matéria/mãe. Essa cura pode ser prática, dando aos homens uma linguagem de nuance, ternura e dinamismo sobre as formas pelas quais eles têm se equivocado uns com os outros. E essa linguagem vem do local.

Esse é o dom do rabino Jesus/Yeshua e dos seus ensinamentos. As parábolas provêm de sua terra natal, de sua ecologia nativa. No fim, as parábolas de cura não serão as de uma terra distante, deformadas pelas metáforas do império. Serão a animação enraizada fora de nossa porta. Os cantos dos pássaros que são intimamente formados para abrir a concha de um ouvido.

Dionísio devolve a Jesus seu corpo. Jesus nos devolve o local – a complexidade entrelaçada, contaminada, da paisagem que interpenetramos e na qual nos transformamos com cada passo descalço, com cada respiração completa.

30

FAZENDO REPARAÇÕES COM ÁTIS E ADÔNIS

Nenhum Deus Foi Morto na Elaboração Desse Mito

SÓ PORQUE UM MITO É ANTIGO não significa que seja saudável.

Você sabia que a Semana Santa cristã é diretamente sobreposta à celebração do deus Átis que morre e ressuscita? E a de Adônis, Dumuzi e Tamuz...[1]. A linha de deuses vegetais feridos de maneira terminal remete ao período anterior à linguagem escrita, cada um impregnado pelo sangue do último. As procissões da Semana Santa ecoam diretamente a procissão das *melissae*, ou sacerdotisas, de Cibele, espalhando flores

---

1 Essa sobreposição é observada pelo historiador William Anderson em seu livro *Green Man* [Homem Verde] e por Anne Baring e Jules Cashford em *The Myth of the Goddess*.

e lamentando o deus morto Átis, marchando em procissão em torno de um pinheiro envolvido por violetas e fitas.

É fácil romantizar essas histórias. Adônis, nascido de uma árvore de mirra, o belo e impossível amor da deusa Afrodite, é fatalmente ferido por um javali. O sangramento de seu ferimento dá origem às primeiras anêmonas vermelhas brilhantes. Da árvore à juventude e à flor. Você quase poderia esquecer a ruptura que atrai os detalhes do cheiro floral como um buraco negro. O destino do deus frígio Átis é igualmente violento. Nascido de uma deusa do rio, o belo jovem é humilhado por sua amante, a deusa Cibele, por se apaixonar por uma mulher humana. Ele se castra e sangra até à morte, tornando-se uma árvore, como Adônis, e dando origem às primeiras violetas. Variações dessa mesma história remontam a Inanna e seu amado Dumuzi, sacrificado, e a Astarte e Tamuz.

A interpretação mitológica clássica é que esses deuses que morrem e ressuscitam representam os ritmos primordiais das estações, das marés e da lua.[2] O rei deve morrer. E depois seguramente retornará – exatamente no momento em que fizermos os rituais certos e levarmos flores pelas ruas. O apogeu dessa tendência mitológica é a crucificação de Jesus. O assassinato de um mago contador de histórias é transformado em um comentário sobre as estações e a necessidade de sofrer a fim de vivenciar transformação espiritual.

---

[2] Joseph Campbell interpreta deuses que morrem e ressuscitam como símbolos de mudanças sazonais, lunares e astrológicas; ver seu livro *As Máscaras de Deus – Mitologia Ocidental*.

A análise do mito é muitas vezes permeada por um anseio para localizar e ressuscitar um ecossistema antigo, "mais natural", de histórias e crenças. Mas enquanto dependermos da cultura escrita, de civilizações agrícolas sésseis, os mitos disponíveis sempre virão intimamente casados com a abstração de alfabetos fonéticos e com os desafortunados efeitos colaterais da agricultura: doença, superpopulação, misoginia e guerra.

E se o deus morto e ressuscitado não fosse uma história tão natural quanto fomos levados a crer? E se não reflete tão facilmente "o retorno da primavera"? Parece haver algo profundamente ingênuo em assumir que o deus ressuscitará. Quantas vezes podemos ferir um ser amado, enviá-lo ao mundo subterrâneo e castrá-lo, antes que ele diga: "Já basta. Não quero retornar".

O que quero dizer, em voz alta e com força, é isto: só é iniciação se você sobreviver. E muitos não sobrevivem. O modo que vivemos produz sofrimento, tanto nosso como de outros. É muito natural que nossos mitos tenham buscado justificar esse sofrimento como iniciação sagrada ou como as únicas bases para renascimento e transformação. Em uma escala pessoal, defendemos nossos vícios com histórias. Em uma escala maior, defendemos nosso vício pela violência com mitologias violentas.

E se olhássemos para Átis e Adônis e para Tamuz e Dumuzi como iniciações fracassadas? O fim resulta de uma fetichização do sofrimento e de uma culpa profundamente reprimida por viver fora dos ritmos naturais externos?

Mitos sobre rituais de sacrifício e renascimento têm sangrado em nossas mitologias sobre o ambiente. Você pode derrubar uma floresta antiga, e ela voltará a crescer. Você pode redirecionar um rio massivo, e a terra ao redor irá se curvar e ceder. Você pode provocar à extinção das abelhas, e as flores ainda retornarão a cada primavera. Mas ocorre que, quando você derruba árvores-mães e depois planta uma floresta homogeneizada sem um sistema rizomático no subsolo e uma biodiversidade na superfície, suas florestas não florescem e vão arder lentamente em incêndios florestais. Quando você redireciona um rio, interrompe o acúmulo de sedimentos que estabilizam a terra costeira. A Louisiana, dessa maneira, afunda cada vez mais no mar.[3] Quando despertaremos para o fato de que ressurreição não é uma certeza?

Quando você mata Adônis, ele basicamente permanece morto. Quando você destrói ecossistemas, eles basicamente não se regeneram de um modo que seja verde, fácil e celebratório.

Só porque um mito é antigo não significa que seja saudável. Só porque uma história foi contada por milhares de anos não significa que possa ser recontada. Um antropocentrismo clássico permeia essas histórias. Só "conseguimos" violetas, árvores e anêmonas porque esses humanos morreram. Só conseguimos "perdão" porque Jesus morreu por nossos pecados.

---

[3] O livro de 2020, *Under a White Sky* [Sob Um Céu Azul], da jornalista ambiental Elizabeth Kolbert, investiga como a intervenção tecnológica humana cria desastres em cascata, mesmo quando tenta corrigir problemas ecológicos.

E se a crucificação foi um erro? O que mais Jesus poderia ter aprendido e ensinado se tivesse vivido além da tenra idade de 33 anos?

E se houvesse um mundo antes das palavras? Antes de deuses feridos? Um mundo cheio de pinheiros e florestas antigas e de violetas e rosas? Um mundo onde o perdão não era algo que ouvimos, mas algo tão onipresente quanto o ar, inumano e abundante, suave e agradável, permeando cada dia, cada hora que passamos acordados?

31

O RESGATE FELIZ

A Eucatástrofe de Tolkien e o Antropoceno

Como se seus olhos tivessem recebido uma visão repentina, Gandalf ficou agitado; e ele se virou, olhando para o norte, onde os céus eram brancos e claros. Depois, levantou suas mãos e gritou ressoando acima do estrépito: As Águias estão chegando! E muitas vozes responderam gritando: As Águias estão chegando! As Águias estão chegado! Os anfitriões de Mordor olharam para cima e se perguntaram o que esse sinal poderia significar.

J. R. R. Tolkien, *O Senhor dos Anéis — O Retorno do Rei*

Bem-vindos à eucatástrofe – a "boa catástrofe" que Tolkien postulou como o ingrediente crucial em fantasias e histórias de fadas.[1] Morte e fracasso parecem prováveis. Tudo está

[1] O autor J. R. R. Tolkien, professor da Universidade de Oxford, filólogo e pesquisador, desenvolveu pela primeira vez a ideia da eucatástrofe em

perdido. E, então, inexplicavelmente, o impossível acontece e a consolação de um final feliz floresce como malva após um incêndio florestal. A tragédia, iminente poucos segundos antes, desaparece como (para citar novamente *O Retorno do Rei*) "uma vasta mão ameaçadora e terrível, mas impotente: pois [...] um grande vento a derrubou, e tudo foi dissipado e passou; e, depois, um silêncio sobreveio".

Nessa última parte da obra *O Senhor dos Anéis*, de J. R. R. Tolkien, Frodo e Sam destruíram o anel, mas ficaram isolados na erupção da Montanha da Perdição. Quando a salvação parece impossível, as águias descem para o resgate deles. Você reconhecerá esse tropo em muitas de suas histórias favoritas. Aslam surgindo para salvar a batalha de Nárnia. O Homem-Aranha lançando sua teia para interromper um assalto. A música, notas melancólicas no violoncelo aceleram e decrescem, mistura-se com flautas, trombetas e sopros radiantes. O que torna uma eucatástrofe diferente do *deus ex machina* (um tropo literário definido como um evento inesperado que salva uma situação aparentemente condenada) é que este se move pela lógica de seu mundo. É ao mesmo tempo completamente impossível e totalmente esperado, e torna-se ainda mais pungente pela compreensão íntima de que a catástrofe efetiva é a consequência mais provável. Ora-se, imagina-se, "anseia-se"

---

uma conferência, em 1939, "On Fairy-stories" [Sobre Histórias de Fadas], que ele apresentou como uma "Andrew Lang Lecture", na Universidade de St. Andrews, na Escócia.

pela eucatástrofe, mesmo quando as circunstâncias se tornam cada vez mais terríveis.

Tolkien explicou que, em vez de subverter a lógica do mundo, uma eucatástrofe confirma a profunda ordem natural.

> Cunhei a palavra 'eucatástrofe': a repentina virada feliz em uma história que atinge você com uma alegria que leva às lágrimas. E fui levado aí à visão de que ela produz seu efeito peculiar porque é um vislumbre repentino da Verdade, sua natureza inteira encadeada na causa e no efeito material, a cadeia de morte, sente um alívio repentino como se um membro importante que tivesse deslocado voltasse repentinamente ao lugar. Ela percebe – se a história tem 'verdade' literária no segundo plano [...] – que isso é, de fato, como as coisas realmente funcionam no Grande Mundo para o qual nossa natureza é feita.[2]

Esse é o maior poder dessa "reviravolta" de acontecimentos. Não rompe com nossa sensação de pertencimento ao mundo. Essa não é uma ascensão abstrata. Em vez disso, a virada feliz nos abraça, consola nossa dúvida em uma terra cuidada e animada e nos insere ainda mais profundamente em nossas vidas, nossas narrativas e nosso ecossistema.

Essa é a medicina herbal que cura uma doença. O gato de rua chegando no degrau de nossa porta, tirando-nos de um

---

2 Essa citação vem da Letter 89 [Carta 89], em *The Letters of J. R. R. Tolkien* [As Cartas de J. R. R. Tolkien], obra editada por Humphrey Carpenter, biógrafo oficial de Tolkien.

episódio depressivo. O grupo de pessoas encontrando a pessoa perdida há duas semanas, desidratada, confusa, mas emocionada com a exatidão do resgate. Lágrimas sempre acompanham essa virada. Tolkien descreve essa alegria em seu ensaio "On Fairy-stories" como "fugaz [...] para além dos muros do mundo, pungente como a tristeza".

Infelizmente, Tolkien misturou sua teoria literária com o Cristianismo, chamando a Ressurreição de a maior eucatástrofe de todas, negligenciando a catástrofe que se espalha constantemente de seu milagre favorito. Tolkien ignora que Cristo ascende da história. Ele não é consolado. Ou casado. Ou salvo. E a Ressurreição deixa para trás um desastre que, como incêndios de lixo nas ilhas de resíduos do norte do Canadá, nunca para de queimar, nunca para de gerar, incinerar e dispersar violência.

E se a mãe, a esposa e a família de Jesus não experienciaram a crucificação e a ressurreição como uma eucatástrofe? O filho, o irmão, o esposo não volta à vida. O deus evaporado e desincorporado ignora seus envolvimentos terrenos e íntimos. De fato, contorna o sofrimento do homem na cruz para assumir que não anseia por ser salvo como os profetas que vieram antes dele. Onde estava o Yahweh que dividiu as águas para Moisés? Que salvou Daniel da cova dos leões?

Para além do mundo antropocêntrico, imagine todas aquelas espécies que não foram salvas pelas águias douradas da Montanha da Perdição. O rinoceronte-de-sumatra. Os recifes de corais branqueados. O peixe-zumbi. As castanheiras americanas. A mariposa *noctuidae* de midway. A história de extinção não tem final feliz ou viradas alegres. Não é sequer uma história, mas uma parataxe de vazios em expansão. Caso levemos em consideração a eucatástrofe, devemos conter a tristeza que a permeia de significado – a possibilidade muito maior de que ninguém está vindo nos salvar. As fogueiras estão acesas. A cruz está construída.

O Antropoceno, uma era que reconhece que as forças humanas operam e mudam radical e permanentemente a composição química, geológica e biológica do mundo, não é um Sauron malevolente que orquestrou nossa tragédia. Nós acendemos as fogueiras. Construímos a cruz. Forjamos o anel. Nós somos os vilões. Como, então, é possível esperarmos por uma virada favorável de acontecimentos? Neste momento, será que merecemos uma eucatástrofe?

A palavra *antropoceno* tenta situar um *anthropos* universal, um "ser humano", e acredita ser possível distribuir igualmente a responsabilidade pelas crises ecológicas. Isso é impreciso. Há sistemas hierárquicos e governos que criaram essa crise, há povos convivendo diretamente com os problemas dessas catástrofes crescentes, países inteiros que quase não têm a ver com sua orquestração. Feministas criticaram a ideia do historiador Dipesh Chakrabarty dos humanos como "força"[3]. Quando dizemos que os humanos são uma "força", corremos o risco

---

3 Para uma coleção de respostas feministas ao Antropoceno, ler o livro de 2017, *Anthropocene Feminisms* [Feminismos Antropocênicos], editado por Richard Grusin.

de fetichizar a capacidade dos seres humanos de mudar a geologia da Terra. Em discussões filosóficas sobre o Antropoceno, muitas vezes ficamos chocados diante dos efeitos gerados por nossos danos e surpresos de que pudéssemos ser tão poderosos como espécie a ponto de ter um efeito lítico tão grandioso. A cada ensaio seco que contesta épocas geológicas, outra espécie desaparece, outro pântano é obstruído com concreto, outro pássaro canta seu último chamado de acasalamento em um mundo que jamais enviará um parceiro.

Então, deixe-me perguntar novamente: merecemos uma eucatástrofe? Não. Mas, como reconhecemos que os seres humanos podem fazer e fazem uma diferença catastrófica na Terra e na sobrevivência de outros seres humanos, por que não criar uma virada feliz e fazer essa diferença eucatastrófica? Essa não é uma convocação ao tecnonarcisismo. O mesmo pensamento que nos colocou nesse problema não o resolverá. Interferências que tentam prolongar o tempo de vida de práticas de extração e de exploração não trarão lágrimas para nossos olhos. Não trarão alegria para a Totalidade Viva. Não consolarão. Como Bilbo Bolseiro usando o anel, apenas terão uma meia-vida, cada vez mais fraca até que, como papel de seda se dissolvendo, e mal conseguirão sobreviver.

Como indivíduos, não somos estritamente responsáveis pelo estado atual do colapso ecológico. Uma tática usada pelos reais culpados – grandes empresas e petróleo – é nos convencer de que, como consumidores, somos diretamente responsáveis e devemos mudar nossos hábitos de reciclagem e de banho para pausar o aquecimento global. Mas isso não significa que nossas ações sejam em vão. Não somos totalmente responsáveis por nossa atual crise climática, nem totalmente isentos de culpa. Essa é uma convocação para meditar sobre pequenos atos de eucatástrofe que podemos executar em nossas vidas. Ver um gambá atingido por um carro, ainda vivo, e levá-lo a um local adequado para reabilitação de vida selvagem constitui uma eucatástrofe. Deixar que a grama na frente de casa cresça desordenadamente com serralhas, solidagos e trevos equivale a uma eucatástrofe para populações de abelhas que lutam para sobreviver. Perceber que um amigo não está retornando ligações e ir até a casa dele para ver se está bem é uma eucatástrofe. Impedir que florestas antigas sejam derrubadas é uma eucatástrofe.

O imperativo no Antropoceno, parece-me, não é ansiar por nosso final feliz, mas tentar, dia após dia, com pequenas atitudes, proporcionar esse resgate feliz a outra pessoa. Não é salvar o mundo. Não é a presunção dos pequenos feitos dos "Bons Samaritanos". É o mergulho da águia da inter-relação radical. A intercorporeidade. É a alegria que reconhece que a tragédia ainda existe, ainda está perto e está semeada em cada célula decadente. Cada pequena atitude nos insere na terra, mas não impede nossa extinção final. A eucatástrofe não é apenas um instrumento narrativo. É um modo de criar relações íntimas e dependentes com o mundo natural. Ninguém está vindo nos salvar. Mas todos estão indo salvar todos.

32

COMPARTILHANDO A REFEIÇÃO

Tom Bombadil Oferece ao Masculino um Refúgio Seguro

ENCONTRAMOS TOM BOMBADIL COMO UM PERSONAGEM enigmático e pouco conhecido na série *O Senhor dos Anéis*, baseada na obra de J.R.R. Tolkien, mas muito familiar para quem leu os livros. Quem é ele? Em *O Silmarillion*, o livro de Tolkien sobre as origens mitológicas da Terra Média, não tem respostas. Peter Jackson visivelmente não incluiu a figura em seus filmes. Tolkien era notoriamente evasivo quando lhe pediam para definir o papel desse personagem. Por vezes, ele dizia que Tom era baseado em um boneco de origem holandesa que seu filho tinha, e que Bombadil não tinha importância e não deveria ser examinado. Soando desapontado, certa vez, escreveu: "Mesmo em uma era mítica, em uma obra de ficção, deve haver alguns enigmas, como sempre há. Tom Bombadil é um (intencionalmente)".[1] Mas, tão logo se recusou a definir Tom, sugeriu que fosse "o espírito de paisagens em extinção em Oxfordshire e Berkshire".

O que sabemos é que Tom salva os hobbits de serem estrangulados pelas raízes do Velho Salgueiro – uma criatura arvoresca que acorda e os ataca – usando uma canção intimamente ligada à linguagem das árvores. Sabemos desde o primeiro volume da pseudotrilogia, *O Senhor dos Anéis*: *A Sociedade do Anel*, que Tom é o "mais velho de todos" – velho o bastante para ter visto o primeiro pingo de chuva e a primeira noz. No universo de Tolkien, o mundo é criado por meio de uma canção, e Tom, caso possamos defini-lo como algo, é o último baluarte das canções inumanas originais ensinadas ao Ainur pela figura demiúrgica de Eru Ilúvatar, o "deus" criador do universo subcriado de Tolkien.

Em *A Sociedade do Anel*, os hobbits perguntam à esposa de Tom, Fruta d'Ouro (Goldberry no original), quem ele é. Ela lhes diz que é senhor – senhor da madeira, da água e das colinas, mas sem possuir nenhum desses elementos. Ele honra e cuida da heterogeneidade da paisagem e da diferença fervilhante. Seu senhorio não é caracterizado por dominação, diferente do senhorio que estrutura o resto da Terra Média. Seu senhorio antecede os elfos, os hobbits e os magos... e até as nozes.

---

[1] Para a passagem completa, ver Letter 89 [Carta 89] no livro *As Cartas de J. R. R. Tolkien*.

É o senhorio da melodia. A habilidade íntima de entrar na canção particular de outro ser. Ao tentar explicar seu esposo, Fruta d'Ouro pinta o retrato de um homem em participação extática com seu mundo, em vez de um homem tentando mudar e manipular a natureza: ele está "caminhando na floresta, vadeando na água, saltando nos topos das colinas sob a luz e a sombra. Ele não tem medo. Tom Bombadil o mestre".

A ideia de senhorio de Tom é divertida, localizada e enraizada. Ele não mostra interesse algum em deixar sua floresta. Ele respeita seus sistemas de raízes, sua conexão rizomática a um conjunto ecológico específico de árvores, pôneis, rios e salgueiros. Assim, quando Bombadil coloca o anel, ele não desaparece. Em vez disso, é o anel que desaparece, neutralizado pela indiferença de Tom pela luta do bem contra o mal. Tom é ctônico, sedimentado muito antes que houvesse raízes, bordos ou tempestades nutritivas de chuva. Ele não quer um anel para governar todos. Como Fruta d'Ouro explica, governar seria um fardo para ele. Tom deixa que tudo se pertença. Essa é sua alegria.

É possível que a narrativa de *O Senhor dos Anéis* seja vitalmente nutrida pelo breve interlúdio com Tom Bombadil. Alguns críticos dizem que o episódio dilui a propulsão narrativa. Mas Tom, embora não lute batalhas ou execute bravos atos de coragem, oferece outra coisa. Oferece um refúgio contra a temporalidade humana. Mostra que há sempre outra mitologia, mais antiga, mais lenta, por trás das histórias humanas de ritmo rápido. Oferece a canção aos hobbits. Ensina-os a tocar. Recusa-se a entregar respostas definidas, enfatizando a importância da ambiguidade e da curiosidade. Ele literalmente nutre os viajantes cansados, convidando-os à mesa "cheia de creme amarelo, favos de mel, pão branco e manteiga. Fruta d'Ouro está esperando. Há tempo suficiente para perguntas em torno da mesa de jantar".

O Condado é o lar dos hobbits. Mas é um lar que está envolvido no mundo e no tempo dos humanos. Pode e vai ser vítima da violência e da dominação. Todos precisamos de outro lar, que o filósofo Gaston Bachelard chamou de a "cabana primal da intimidade"[2]. Quando confrontamos agonia e sofrimento, sobrevivemos mantendo os carvões queimando na lareira desse abrigo primordial: uma promessa de que há um refúgio seguro que é imune ao tempo. O socorro da floresta de Bombadil e seu lar brilharão dentro dos hobbits pelo resto da narrativa. Esse é o Condado antes do Condado. A canção que observou todas as outras canções nascerem – a da noz, da chuva, dos elfos, dos hobbits. Alguns supuseram que Tom seria o próprio Eru Ilúvatar. Mas Tom certamente riria desse nome. Dessa enorme responsabilidade. Ele não cria o mundo e ensina os valar, os maiar, os elfos e os humanos a cantarem. Ele observa de uma distância ainda maior e primordial. Ele é o público da criação. Nesse sentido, ele é quase identificado com os leitores.

---

[2] O filósofo francês Gaston Bachelard é conhecido por sua meditação sobre arquitetura e estética, *A Poética do Espaço*, 1957.

A casa de Tom é nossa casa. É um lar fora da história que fornece proteção contra a história. É uma canção que abraça todas as outras canções. Enquanto essa exploração rumo a masculinidades alternativas chega a um fim, quero oferecer algo muito leve e muito suave. Estamos enfrentando cada vez mais caos. O capitalismo tardio não mostra sinal algum de desaceleração. Mesmo se conseguíssemos limitar nossas emissões de carbono, já poluímos e mudamos nosso ambiente a tal ponto que os efeitos se manifestarão por milhares de anos ainda. A mudança climática já está aí, provocando migrações em massa de seres humanos e animais.

Como os hobbits de Tolkien, temos uma longa e árdua estrada adiante. Temos amigos conosco. Temos boas histórias para contar. Mas também precisamos entrar em contato com essa lareira de ouro dentro de nós que não está vinculada ao progresso nem ao tempo de uma existência humana individual. Essa parte de nós que lembra a primeira noz e a primeira gota de chuva. Essa se assenta profundamente, nas raízes, quando ventos fortes sopram. Essa é a mesa dentro de nós que arrumamos com vinho, comida e flores frescas. Pessoas com útero têm mais facilidade para imaginar esse santuário interno – essa "cabana de intimidade". Mas o masculino também o tem. O masculino é o senhor da floresta por meio da atividade celebratória e inclusiva. Ele é o senhor da canção, do nado, da dança e do compartilhamento de seu banquete. O masculino pode encontrar abrigo, junto aos hobbits, no lar de Tom Bombadil.

33

OS JARDINEIROS E AS SEMENTES

Curando o Ferimento Pascoal

ELE DESPERTA PARA O CHEIRO PUNGENTE do nardo: raízes arrancadas. Suor. Babosa e mirra. Debaixo desses perfumes há um cheiro metálico de sangue e urina. Ele sente um aperto duro e frio em seu peito, como se tivesse engolido uma lasca de gelo. Está escuro no útero calcário. Algo leve como a asa de uma mariposa envolve seus olhos. Ele sente que esqueceu algo importante.

Ele leva muito tempo para lembrar que está morto. E que tudo foi em vão. Jamais verá novamente sua irmãzinha Yael e colocará um cacho de cabelo revolto atrás de sua orelha. Jamais ficará novamente na beira do Jordão, observando o martim-pescador perfurar o ouro líquido da superfície do rio quando o sol flui através dos sicômoros na barragem oposta. Jamais verá sua esposa novamente. Seus olhos penetrantes e sua boca larga. Jamais tocará novamente a pele macia como um papiro esticado sobre suas clavículas. Uma série de erros bobos, uma viagem inoportuna, um desentendimento, e está feito. Ele havia recém-começado a lecionar de maneira séria, acabara de sentir sua confiança surgindo da terra como um núcleo de açafrão.

Ah, se pudesse se mover, uivaria. Arrancaria seu cabelo. Arranharia seu peito até sangrar.

É então que o ruído soa. Como um trovão arrancando o topo de uma montanha. O azul crescente aparece, depois engorda na luz vaga de uma noite de lua cheia lá fora. Um grunhido e uma saudação. Vozes de homens. Alguém ri e então a luz é bloqueada enquanto as pessoas caminham em direção ao túmulo. Depois, o cheiro. Mel. Hidromel. Rosas. Lavanda. Vinho.

"Preciso de ajuda para desenfaixá-lo", uma voz melodiosa, quase pueril, ordena. E, então, ele está sendo revolvido por mãos fortes, removido de sua mortalha. Por fim, alguém coloca as mãos em seu peito, pressionando-o, e ele desperta. Ele está sentado, consegue esticar as mãos e pernas e olhar através da luz fraca do lampião para o grupo reunido ao seu redor.

Eles são uma multidão surpreendente. O homem que os lidera é alto e magro, com seu longo cabelo preto, e está nu, exceto por uma pele de leopardo sobre os ombros. Vinhas se enrolam em torno de sua delgada cintura, e seus lábios são tão vermelhos quanto as papoulas que acabaram de desabrochar ao longo das encostas de Jerusalém. Atrás dele, um menino de cabelo castanho e grandes olhos verdes sorri timidamente, segurando, quase como uma proteção, uma lira diante de seu peito. Dois homens, belos como meninas, parecem feridos. Eles amparam um ao outro. Esse sangue está escorrendo da perna do mais alto? E, então, o mais estranho de todos é um homem, com chifres de búfalo, uma face azul lisa e olhos amarelos e impassíveis.

"Aqui, beba. Você precisará de força", o líder alto e de cabelo longo ordena, oferecendo-lhe um copo de vinho. Está misturado com especiarias e vai diretamente para seu cóccix. Jesus, elevado como se pelo ar quente, escorrega da laje e fica de pé. O jovem com a lira começa a cantar e tocar com a liquidez de um rio. Ele está chorando enquanto toca, as lágrimas tão verdes quanto seus olhos, serpenteando por seu peito nu em direção ao chão, onde imediatamente transformam-se em ramos de alecrim. Os homens o tiram do túmulo na noite silenciada pela lua. Jesus está fraco. Ele mal pode caminhar. Ele quer chorar. Falar. Mas vê que não pode. O líder coloca um braço forte ao redor de sua cintura e o ajuda a ir adiante.

Eles caminham para longe de Jerusalém, em direção a Betânia. Até que chegam a um campo negro-azul com terra recém-escavada. É necessário um tempo para que seus olhos se ajustem antes que Jesus veja que há enormes buracos cavados no barro.

"Aqui. Você, primeiro", o homem alto diz para o homem com chifres de búfalo. "Um jarro de mel para a senhora da espiral e um punhado de sementes de maçã para um pomar." O homem com chifres de búfalo sabe o que fazer. Ele gentilmente entra no primeiro buraco. O líder derrama vinho atrás dele. Um punhado de anêmonas. Algumas sementes. Então, os outros homens lenta e cuidadosamente o enterram. Jesus fica chocado, mas ele acrescenta um punhado de terra molhada também, sabendo que, por alguma razão inexplicável, essa é a coisa mais importante que jamais fará.

"Átis e Adônis, vocês são os próximos. Romãs e hidromel. Trigo e rosas selvagens". Os dois homens feridos são enterrados juntos, entrelaçados com roseiras. E então é a vez do choroso músico.

"Árvores curvadas para as liras, com folhas para música, crescerão de você, Orfeu", diz suavemente o homem alto. Ele beija o menino na boca uma vez antes de ajudá-lo no penúltimo buraco. Orfeu puxa uma corda de sua lira e alcança Jesus, com cuidado enrola a corda em torno da cintura de Jesus.

"Está na hora", o homem alto diz, graciosamente tirando a pele de leopardo de seus ombros e usando-a para forrar o interior do último buraco. Ele derrama o restante do vinho e então entra, suspendendo uma mão de modo que Jesus pode se juntar a ele.

Uma vez no buraco, eles se enrolam um ao outro como gêmeos no útero. Jesus pode sentir o cheiro da madeira queimada e da lavanda nos cabelos brilhantes do homem, pode sentir suas mãos pressionando suas palmas feridas. A chuva está caindo, lavando o solo solto sobre seus corpos.

"Quanto tempo será necessário para que floresçamos novamente?", Jesus pergunta enquanto afundam mais na terra. Por um segundo, os olhos do homem ficam dourados, como cernes de grãos, e então o solo cobre suas cabeças.

"Ah, imagino que leve muito tempo. Milhares de anos, talvez", Dionísio responde e, embora Jesus mal possa ouvi-lo em meio ao barro, ele ainda ouve o sorriso em sua voz. "Mas quando voltarmos, não estaremos feridos ou sozinhos. Floresceremos imediatamente e transformaremos a terra inteira em um jardim."

UMA BENÇÃO FINAL

Que a lua nos misture em um pote de ambivalência.

Que possamos usar nossa mágoa como composto, revestir nossos ferimentos, derramar água nas fendas secas do solo morto. Que nossos cajados se transformem em cobras, e nossas cobras em cajados. Nossas espadas em flores.

Que nosso prazer possa ser tão inteligente e revolucionário como a hera digerindo uma edificação.

Que possamos encontrar hidromel fermentado com água da chuva em colmeias, deuses emergindo, com cabeça de cogumelo, do subterrâneo micelial. Que possamos nos aproximar de montanhas como de entes queridos, de paisagens como de nossos corpos.

Que possamos honrar a porosidade de nossos corpos, eus, almas, respiração. O lugar onde nossas raízes se misturam com outras raízes. Os seres que constituem nossa canção. A maior canção na qual cintilamos, como uma pequena estrela em uma constelação.

Que nosso tempo possa ser tão lento como um arenito. Tão rápido quanto o coração de um beija-flor. Tão doce como néctar. Tão espesso como pólen. Tão luminoso como um esporo ao vento. Que possamos encher o espaço deixado para trás por pragas, extinção, dano, com canções. Que possamos curar uns aos outros. Que possamos perguntar a cada ser sua história.

CONCLUSÃO

Uma Cura para a Disbiose Narrativa

Em minhas investigações de masculinidades alternativas, deparei-me com algumas personalidades populares que me exasperaram. Parece-me óbvio que sua retórica sobre masculinidade encoraja violência contra as mulheres e o ambiente. Quando essas figuras irrompem em uma discussão sobre masculinidade, meu instinto é imediatamente denunciá-las; trabalhar para mostrar que seus argumentos são frouxos e autoenaltecedores; provar que suas sugestões filosóficas e psicológicas são inconsistentes e infundadas.

Mas, após muito pensamento, muito tempo no pedúnculo podre micelial de Dionísio, Orfeu, Tristão, Merlin e Tom Bombadil, tive tempo para abrandar. Estou lentamente chegando a um modo diferente de me envolver com essas figuras antagônicas de masculinidade patriarcal. Em vez de explodir de raiva, que tende mais a me destruir do que sequer tocá-los, por que não operar de um lugar de curiosidade?

Por que homens como esses ocupam tanto espaço culturalmente? Por que suas narrativas se tornam populares tão rapidamente? Por que homens que admiro e amo se encontram gravitando em relação a essas figuras controversas?

Tenho uma teoria, e ela não começa em minha cabeça. Começa no meu intestino. Em 2010, fiquei muito doente. Inicialmente, fui mal diagnosticada e tratada de maneira inapropriada para parasitas e doença de Lyme. Isso envolveu mais de vinte e quatro cursos de diferentes antibióticos, alguns deles diretamente injetados por meio de um acesso PICC (cateter). Sabe-se bem que um curso de antibióticos acaba com uma infecção enquanto também, inadvertidamente, elimina uma boa porção da sua microflora intestinal. *Antibiótico* significa literalmente "contra a vida". O truque para se recuperar de um tratamento com antibióticos é compensá-lo com probióticos e alimentos fermentados. Infelizmente, quando você experiencia uma sequência de tratamentos com antibióticos, pontuados por esteroides pesados, enquanto está seriamente doente, torna-se quase impossível reconstituir um microbioma saudável.

O efeito é danoso. O intestino obliterado fica aberto à predação de patógenos. Seguindo esses tratamentos, sofria constantemente de infecções oportunistas. Cândida. Aftas. Infecções na bexiga. Vírus. E então os médicos me receitaram antifúngicos e mais antibióticos, exacerbando ainda mais o problema, até que o revestimento de meu intestino ficou tão danificado que mal podia absorver nutrientes.

A ideia simplista de destruir os patógenos só deixou para trás mais terreno aberto para novos patógenos em meus intestinos. Como mais literatura científica sobre flora e saúde intestinal foi publicada, decidi que a ideia de "destruir" o crescimento exagerado fúngico e bacterial era ultrapassada. Matar esses pequenos seres só parecia fazê-los voltar com mais vitalidade criativa, ou, pior, deixar a porta aberta para outros mais danosos. A resposta era contraintuitiva. Em vez de tentar matar esses micróbios, precisava agrupá-los com as boas bactérias. Precisava de probióticos, alimentos fermentados, cogumelos e, inclusive, admito, pitadas de terra de verdade. Os fungos e maus parasitas só eram poderosos e perigosos quando tinham liberdade. Precisavam de menos espaço para proliferar. Quando você repovoa um intestino com bactérias saudáveis, elas regulam o crescimento exagerado de patógenos e protegem você de parasitas. Uma polifonia de vozes microbiais abafa o monólogo de um patógeno danoso.

A masculinidade moderna está sofrendo da disbiose narrativa. Quero sugerir que a masculinidade patriarcal atuou como uma prescrição exagerada de antibióticos, destruindo modos mais saudáveis e mágicos do masculino de maneira tão regular que ficou difícil para eles crescerem novamente.

O que foi deixado para trás culturalmente é similar ao meu intestino devastado. Terreno vazio em excesso. Não admira que figuras problemáticas prosperem como cândida. Elas não têm concorrência. São prejudiciais somente na medida em que têm muito espaço para crescer.

Assim, não me surpreende que tantos homens inteligentes e curiosos encontrem-se ouvindo e lendo o trabalho dessas excrescências fúngicas. Não lhes são apresentadas alternativas convincentes o bastante. Confrontados pela toxidade da masculinidade patriarcal, buscam por algo a mais. Qualquer outra coisa. Simpatizo com sua angústia e busca. Onde estão as histórias saudáveis? Onde estão as masculinidades compassivas, férteis?

Estou mudando meu tom. Não acho que seja útil tentar erradicar ou "destruir" essas figuras problemáticas. Elas só voltam mais fortes, minando nossa força enquanto tentamos repetidamente refutar sua lógica falha. Em vez disso, quero sobrepujá-los. Quero agrupá-los em um canto muito pequeno do intestino cultural. Quero convidar não um ou dois carismáticos contadores de histórias para a mesa. Quero uma centena de opções. Quero uma diversidade de masculinidades. Uma polifonia de narrativas alternativas. Não podemos cancelar esses caras como um todo. Mas também não deveríamos dar-lhes um pódio ou vinte minutos de tempo ininterrupto de TED talk. Em vez disso, vamos convidá-los para uma sala com vinte, trinta, quarenta outros artistas carismáticos, pensadores e contadores de histórias sobre o masculino. Vamos convidá-los para um microbioma saudável que deixa claro que não há espaço autorizado para ultrapassar seus limites.

Agora, aqui, deixe-me ficar em silêncio, parar de escrever e começar a ouvir. Convido você a compartilhar seus mitos. Suas histórias férteis favoritas. Este livro foi um monólogo ansiando por se tornar um diálogo e, então, felizmente, uma polifonia.

AGRADECIMENTOS

Agradeço à minha família. Aos meus pais, Perdita Finn e Clark Strand, por seu apoio mágico e prático. Ao meu irmão, Jonah Strand. Aos meus amigos mais antigos, meus primos Daniel e Adam Finn. Aos meus parentes animais: Fujiyama, Sputnick, Rosamund e Oliver.

Agradeço aos amigos que me apoiaram, celebraram e me inspiraram durante a intensa estação que dediquei para escrever este livro: Mary Evelyn Pritchard, Emily Rose Theobald, Marion Albers, Edith Lerner, Ilana Silber, Harper Cowan (e Poppy), Shea Settini e Fiona Saxman. Agradeço a Luke Otwell por segurar as pontas. À Abbe Aronson e minha musa buldogue francesa Tugboat. Agradeço profunda e especialmente à Hannah Sparaganah pela alegria, pela conversa e por nunca recusar um convite ao mundo subterrâneo.

Agradeço ao baralho de tarô que me guiou ao longo de minha versão da jornada marítima noturna de Tristão.

Entre Merlin e Dionísio começou como um ensaio curto que compartilhei nas mídias sociais e rapidamente, em um mês, expandiu para se tornar um livro com uma comunidade dedicada e apoiadora de leitores e colaboradores. Gostaria de poder agradecer a cada um de vocês, mas, se o fizesse, os agradecimentos seriam verdadeiramente tão longos quanto o livro. Em particular, estendo minha profunda gratidão a Rafael Alvarez, Jana Astanov, Leah Baer, Sabin Bailey, Carrie Bills, Juliet Blake, Melea Britt, Polly Paton Brown, Katharine Burke, Caroline Casey, Suzette Clough, Nicola Coombe, Liliana DeGiorgio, Maria De Los Angeles, Patrick Dodson, Cathy French, Jennifer Gandia, Rene Janiece, Meg Johnson, Mary Porter Kerns, Erica Klein, David Levine, Ian Mackenzie, Clayton Masterson, Betz McKeown, Leah McNatt, Karen Morrissey, Averi Ohman, Mat Osmond, Cathy Stevens Pratt, Clifford Rames, Carole Ribner, Diana Rowan Rockefeller, Miriam Ropschitz, Kelly Sophia Rose, Kimberly Saward, Daniel Schneider, Josh Schrei, Finn Schubert, Bee Scolnick, Emily Simpson, Camellia Stadts, Michael Steward, Matthew Stillman, Carole Taylor, Jane Lillian Vance, Robert Burke Warren e Pamela Clare Wylie Samuelson.

Um delicioso e suculento agradecimento à Emily Shurr.

Agradeço à Ann Lauterbach por sua mentoria e orientação. Agradeço ao Robert Weston por me ensinar a ler criticamente e me encorajar a transformar meu trabalho final da universidade em um experimento intitulado "You Are in a Rhizome With This Text" [Você Está em Um Rizoma com Esse Texto]. Pode-se dizer que foi minha primeira incursão fúngica.

Um agradecimento profundamente enraizado a meu editor Richard Grossinger, por acreditar neste manuscrito e por convencer algumas últimas flores a brotarem. Agradeço à Luz Perry por sua ótima orientação editorial. E a todos na Inner Traditions, incluindo Manzanita Carpenter, Nancy Ringer, Erica Robinson e à maravilhosa equipe de design que concebeu a capa comigo.

Agradeço à minha intensa e astuta agente, Anne Marie O'Farrell, pelo riso, pela sabedoria e por me reconhecer, desde cedo, como uma escritora.

Sempre escrevi com acompanhamento musical. *Entre Merlin e Dionísio* existe graças à música de Dorothy Ashby, Emahoy Tsegué-Maryam Guèbrou, Sam Lee, Hailu Mergia, Angel Olsen, Hans-Joachim Roedelius, Nina Simone e uma dose saudável de disco.

Agradeço à memória daqueles homens que me ensinaram que masculinidade é uma multiplicidade de ternura e travessura: Leith Rogovin, Killian Mansfield, Noam Seligman, Dave Chandler, Jeff Jacobson e Sebastian, o gato cinza. Vocês estiveram muito próximos durante a escrita deste livro. Dançando nos rizomas logo abaixo de meus pés.

Agradeço à terra que me nutriu, apoiou, ensinou e dirigiu enquanto vislumbrava e produzia este livro: o Vale Hudson. Agradeço ao rio Hudson e ao lago Rondout. Agradeço à montanha

Guardian e à montanha Overlook. Às águias, às garças, aos falcões, aos patos e às pombas. Às alfarrobas negras e às folhas de mostarda. Agradeço ao cano fantasma e ao reishi. Às cascavéis e aos guaxinins. Agradeço a Lewis Hollow e aos montes de pedras. Ao lago Cooper e ao Millstream. Agradeço aos fungos, aos pássaros e às feras. Ao cervo albino, às marmotas do parque Cornell. Obrigado ao Tivoli Bays. Ao povo Munsee Lenape, cujas histórias ainda emergem com os cogumelos após a chuva.

Por último e, mais importante, agradeço a Dionísio. A vida tem sido muito mais estranha depois que convidei você para entrar.

BIBLIOGRAFIA

Abram, David. *Becoming Animal: An Earthly Cosmology*. Nova York: Random House, 2010.

Abram, David. *The Spell of the Sensuous*. Nova York: Random House, 1997.

Albrecht G., G. M. Sartore, L. Connor, *et al*. "Solastalgia: The Distress Caused by Environmental Change," *Australasian Psychiatry* 15, suppl. 1 (2007): S95-98.

Aliki. *A Weed Is a Flower: The Life of George Washington Carver*. Nova York: Aladdin, 1988.

Alter, Robert. *The David Story*. Nova York: W. W. Norton & Company, 1999.

Anderson, William. *Green Man: Archetypes of Our Oneness with the Earth*. Londres: HarperCollins, 1990.

Apolodoro. *The Library of Greek Mythology*. Traduzido por Robin Hard. Oxford: Oxford University Press, 2008.

Armstrong, Karen. *The Lost Art of Scripture: Rescuing the Ancient Texts*. Nova York: Alfred A. Knopf, 2019.

Arnold, Carrie. "Choosy Eggs May Pick Sperm for Their Genes, Defying Mendel's Law." *Quanta Magazine*, 15 de novembro de 2017.

Aslan, Reza. *Zealot: The Life and Times of Jesus of Nazareth*. Nova York: Random House, 2013.

Astour, Michael C. *Hellenosemitica: An Ethnic and Cultural Study of West Semitic Impact on Mycenaean Greece*. Leiden, Países Baixos: E. J. Brill, 1965.

Auld, Graeme. "1 and 2 Samuel." *In Eerdmans Commentary on the Bible*, organizado por James D. G. Dunn e John William Rogerson, pp. 213-45. Grand Rapids, Mich.: Eerdmans, 2003.

Bachelard, Gaston. *The Poetics of Space*. Boston: Beacon Press, 1969.

Barber, Elizabeth Wayland. *Women's Work: The First 20,000 Years*. Nova York: W. W. Norton, 1996.

Baring, Anne e Jules Cashford. *The Myth of the Goddess: Evolution of an Image*. Londres: Penguin Books, 1991.

Barnstone, Willis e Marvin Meyer. *The Gnostic Bible: Gnostic Texts of Mystical Wisdom from the Ancient and Medieval Worlds*. Boston: Shambhala, 2009.

Barrett, Frederick S. e Roland R. Griffiths. "Classic Hallucinogens and Mystical Experiences: Phenomenology and Neural Correlates." *Current Topics in Behavioral Neurosciences* 36 (2018), pp. 393-430.

Bedier, Jospeh. *The Romance of Tristan and Iseut*. Traduzido por Edward J. Gallagher. Indianapolis: Hackett Publishing Company, 2013.

Bierend, Doug. *In Search of Mycotopia: Citizen Science, Fungi, Fanatics, and the Untapped Potential of Mushrooms*. White River Junction, Vt.: Chelsea Green Publishing, 2021.

Bone, Eugenia. *Mycophilia: Revelations from the Weird World of Mushrooms*. Nova York: Rodale, 2011.

Borg, Marcus. *The Lost Gospel Q: The Original Sayings of Jesus*. Berkeley: Ulysses Press, 1999.

Borissoff, Constaine L. "Non-Iranian Origin of the Eastern-Slavonic God Xursu/Xors." *Studia Mythologica Slavica 17* (2014), pp. 9-36.

Bringhurst, Robert. *Everywhere Being Is Dancing: Twenty Pieces of Thinking*. Berkeley: Counterpoint, 2008.

_______. *The Tree of Meaning: Language, Mind, and Ecology*. Berkeley: Counterpoint, 2008.

Brown, Adrienne Maree. *Emergent Strategy: Shaping Change, Changing Worlds*. Chico, Calif.: Akashic Press, 2017.

Brundrett, Mark C. "Coevolution of Roots and Mycorrhizas of Land Plants." *New Phytologist 154*, nº 2 (2002), pp. 275-304.

Buhner, Stephen Harrod: *Plant Intelligence and the Imaginal Realm: Into the Dreaming of Earth*. Rochester, Vt.: Bear & Company, 2014.

Campbell, Joseph. *Creative Mythology*. The Masks of God, vol. 4. Nova York: Penguin Books, 1968.

Campbell, Joseph. *The Hero with a Thousand Faces*. Nova York: Princeton University Press, 1973. [*O Herói de Mil Faces*. São Paulo: Cultrix, 1989.]

Campbell, Joseph. *Occidental Mythology*. The Masks of God, vol. 3. Nova York: Penguin Books, 1964.

Candeias, Matt. *In Defense of Plants: An Exploration into the Wonder of Plants*. Coral Gables, Fl.: Mango Publishing Group, 2021.

Chen, Mel Y. *Animacies: Biopolitics, Racial Mattering, and Queer Affect*. Durham, N. C. e Londres: Duke University Press, 2012.

Chilton, Bruce. *Rabbi Jesus: An Intimate Biography*. Nova York: Doubleday Broadway Publishing, 2000.

Crossan, John Dominic. *The Historical Jesus: The Life of a Mediterranean Jewish Peasant*. San Francisco: HarperOne, 1993.

Darwin, Charles e Francis Darwin. *The Power of Movement in Plants*. Nova York: Cosimo Classics, 1880.

Davies, Sioned, trad. *The Mabinogion*. Oxford: Oxford University Press, 2008.

Dever, William G. *Did God Have a Wife? Archaeology and Folk Religion in Ancient Israel*. Grand Rapids, Mich.: William B. Erdman's Publishing Company, 2005.

Doolittle, Hilda [H.D.]. *Trilogy*. Nova York: New Directions Books, 1998.

Ehrenreich, Barbara. "'Humans Were Not Centre Stage': How Ancient Cave Art Puts Us in Our Place." *The Guardian*, 12 de dezembro de 2019.

Eisler, Riane. *The Chalice and the Blade: Our History, Our Future*. San Francisco: HarperOne, 1988.

Euripides. *Bacchae*. Traduzido por Ian Johnston. Arlington, Va.: Richer Resources Publication, 2008.

Euripides. *The Bacchae*. Traduzido por Gilbert Murray. Overland Park, Kans.: Digireads.com Publishing, 2019.

_______. *Bakkhai*. Traduzido por Anne Carson. Nova York: New Directions, 2015.

Eschenbach, Wolfram von. *Parzifal*. Traduzido por A. T. Hatto. Nova York: Penguin, 1980.

Geoffrey of Monmouth. *The History of the Kings of Britain*. Traduzido por Lewis Thorpe. Londres: Penguin Classics, 1977.

_______. *Vita Merlini*. Traduzido por John Jay Perry. [orig. pub. ca. 1150].

Ghosh, Amitav. *The Great Derangement: Climate Change and the Unthinkable*. Chicago: University of Chicago Press, 2016.

Gilbert, K. J., L. S. Bittleston, W. Tong, *et al*. "Tropical Pitcher Plants (Nepenthes) Act as Ecological Filters by Altering Properties of Their Fluid Microenvironments." *Scientific Reports* 10, nº 4431 (2020).

Gillette, Douglas e Robert Moore. *King, Warrior, Magician, Lover: Rediscovering the Archetypes of the Mature Masculine*. Nova York: HarperCollins, 1990.

Gimbutas, Marija. *The Living Goddesses*. Berkeley: University of California Press, 2001.

Goddio, Franck e David Fabre. *Osiris: Egypt's Sunken Mysteries*. Paris: Flammarion, 2018.

Goodrich, Norma Lorre. *Merlin*. Nova York: Harper & Rowe Publishers, 1988.

Griffiths, David. "Queer Theory for Lichens." *UnderCurrents: Journal of Critical Environmental Studies* 19 (2015), pp. 36-45.

Grusin, Richard, org. *Anthropocene Feminisms*. Minneapolis: University of Minnesota, 2017.

Guggenheim, Alena G., Kirsten M. Wright e Heather L. Zwickey. "Immune Modulation from Five Major Mushrooms: Application to Integrative Oncology" *Integrative Medicine* 13 (2014), pp. 32-44.

Haag, Michael. *The Quest for Mary Magdalene*. Nova York: Harper Paperbacks, 2016.

Haraway, Donna J. *Staying with the Trouble: Making Kin in the Chthulucene*. Durham, N. C. e Londres: Duke University Press, 2016.

Hassett, Maribeth O., Mark W. F. Fischer e Nicholas P. Money. "Mushrooms as Rainmakers: How Spores Act as Nuclei for Raindrops." *PLoS ONE* 10, nº 10 (2015): e0140407.

Hawksworth, David. "Lichenization: The Origins of a Fungal Life-Style." *Recent Advances in Lichenology: Modern Methods and Approaches in Lichen Systematics and Culture Techniques* 2 (fevereiro de 2015), pp. 1-10.

Hejinian, Lyn. *The Language of Inquiry*. Berkeley: University of California Press, 2000.

Judson A. P. "The Mystery of the Mycenaean 'Labyrinth': The Value of Linear B Pu_2 and Related Signs." *SMEA NS* 3 (2017), pp. 53-72.

Jung, Emma e Marie-Louise von Franz. *The Grail Legend*. Princeton: Princeton University Press, 1998 [orig. pub. 1960]. [*A Lenda do Graal*. São Paulo: Cultrix, 1990 (fora de catálogo).]

Kenrick, Paul e Christine Strullu-Derrien. "The Origin and Early Evolution of Roots." *Plant Physiology 166*, nº 2 (2014): 570-80.

Kerényi, Karl. *Dionysos: Archetypal Image of Indestructible Life*. Traduzido por Ralph Menheim. Princeton: Princeton University Press, 1976.

Kern, Otto. *Orphicorum Fragmenta, collegit*. Berlim: Apud Weidmannos, 1922.

Kimmerer, Robin Wall. Braiding *Sweetgrass: Indigenous Wisdom, Scientific Knowledge, and the Teachings of Plants*. Minneapolis: Milkweed Editions, 2013.

Knohl, Israel. "Joseph and the Famine: The Story's Origins in Egyptian History." *TheTorah.com*, 26 de dezembro de 2019.

Koester, Helmut. *Ancient Christian Gospels: Their History and Development*. Harrisburg, Pa.: Trinity Press International, 1992.

Kolbert, Elizabeth. *Under a White Sky: The Nature of the Future*. Nova York: Penguin Random House, 2021.

Kolk, Bessel van der. *The Body Keeps the Score: Brain, Mind, and Body in the Healing of Trauma*. Nova York: Viking, 2014.

Leeman, Diane. "Apotropaic Wands of the Middle Kingdom." Academia.edu, 2019.

Leuchter, Mark. "Genesis 38 in Social and Historical Perspective." *Journal of Biblical Literature* 132, nº 2 (2013), pp. 209-27.

Levine, Peter A. com Anna Frederick. *Waking the Tiger: Healing Trauma*. Berkeley: North Atlantic Books, 1997.

Lewis, C. S. *On Stories and Other Essays on Literature*. Nova York: Harcourt Brace Jovanavich, 1982.

Lorde, Audre. *The Selected Works of Audre Lorde*. Organizado por Roxane Gay. Londres: W. W. Norton & Company, 2020.

Lovelock, James. *The Revenge of Gaia*. Londres: Penguin Books, 2007.

Macfarlane, Robert. *Landmarks*. Londres: Penguin Books, 2016.

_______. *Underland: A Deep Time Journey*. Nova York: W. W. Norton & Company, 2019.

MacGregor, Neil. *Living with the Gods: On Beliefs and Peoples*. Nova York: Alfred A. Knopf, 2018.

Magan, Manchán. *Thirty-Two Words for Field: Lost Words of the Irish Landscape*. Dublin: Gill Books, 2020.

Malhotra, Rajiv. *Indra's Net: Defending Hinduism's Philosophical Unity*. Nova York: HarperCollins, 2016.

Margulis, Lynn. *Symbiotic Planet: A New Look at Evolution*. Nova York: Basic Books, 1998.

Margulis, Lynn e René Fester, orgs. *Symbiosis as a Source of Evolutionary Innovation: Speciation and Morphogenesis*. Cambridge: MIT Press, 1991.

Meyer, Marvin. *The Gospel of Thomas: The Hidden Sayings of Jesus*. Nova York: HarperSanFrancisco, 1992.

Morton, Timothy. *Dark Ecology: For a Logic of Future Coexistence*. Nova York: Columbia University Press, 2016.

Muraresku, Brian. *The Immortality Key: The Secret History of the Religion with No Name*. Nova York: St. Martin's Press, 2020.

Nock, A. D. "Notes on Ruler-Cult, I-IV." *The Journal of Hellenic Studies* 48, nº 1 (1928), pp. 21-43.

O'Donohue, John. *To Bless the Space between Us: A Book of Blessings*. Nova York: Doubleday Broadway Publishing, 2008.

Ovid. *Metamorphoses*. Traduzido por David Raeburn. Londres: Penguin Classics, 2004.

Pagels, Elaine. *Adam, Eve, and the Serpent*. Nova York: Random House, 1988.

Pagels, Elaine. *The Gnostic Gospels*. Nova York: Random House, 1979. [*Os Evangelhos Gnósticos*. São Paulo: Cultrix, 1990 (fora de catálogo).]

Pagels, Elaine. *The Origin of Satan*. Nova York: Random House, 1995.

Pendell, Dale. *Pharmako/Poeia: Plant Powers, Poisons & Herbcraft*. Berkeley: North Atlantic Books, 1995.

Perrault, Charles. *The Complete Fairy Tales*. Traduzido por Christopher Betts. Oxford: Oxford University Press, 2010.

Platon, Nikolaos. *Guide to the Archaeological Museum of Heraclion*. Heraklion, Crete: 1955.

Plínio, o Velho. *Natural History: A Selection*. Traduzido por John F. Healey. Nova York: Penguin Random House, 1991.

Plutarco. *Lives, Vol. III, Pericles and Fabius Maximus. Nicias and Crassus*. Traduzido por Bernadotte Perrin. Cambridge: Harvard University Press, 1916.

Pollack, Rachel. *Seventy-Eight Degrees of Wisdom: A Tarot Journey to Self-Awareness*. Newburyport, Mass.: Weiser Books, 2019. [Setenta e Oito Graus de Sabedoria: Uma Jornada de Autoconhecimento Através do Tarô e seus Mistérios. São Paulo: Pensamento, 2022.]

Pollan, Michael. *How to Change Your Mind: What the New Science of Psychedelics Teaches Us about Consciousness, Dying, Addiction, Depression, and Transcendence*. Nova York: Penguin Press, 2018.

Rilke, Rainer Maria. *Ahead of All Parting: The Selected Poetry and Prose of Rainer Maria Rilke*. Traduzido por Stephen Mitchell. Nova York: Modern Library, 1995.

Salmón, Enrique. "Kincentric Ecology: Indigenous Perceptions of the Human Nature." *Ecological Applications* 10, nº 5 (2000), pp. 1327-32.

Salmón, Enrique. *Iwigara: The Kinship of Plants and People*. Portland, Ore.: Timber Press, 2020.

Schama, Simon. *The Story of the Jews: Finding the Words*. Nova York: HarperCollins, 2013.

Schmitt, Craig L. e Michael L. Tatum. *The Malheur National Forest: Location of the World's Largest Living Organism [The Humongous Fungus]*. United States Department of Agriculture, Forest Service, Pacific Northwest Region, 2008.

Scott, Timothy Lee. *Invasive Plant Medicine: The Ecological Benefits and Healing Abilities of Invasives*. Rochester, Vt.: Healing Arts Press, 2010.

Sheldrake, Merlin. *Entangled Life: How Fungi Make Our Worlds, Change Our Minds & Shape Our Futures*. Nova York: Random House, 2020.

Sheldrake, Rupert. *Science Set Free: 10 Paths to New Discovery*. Nova York: Deepak Chopra Books, 2012.

Sherin, J. E. e C. B. Nemeroff. "Post-Traumatic Stress Disorder: The Neurobiological Impact of Psychological Trauma." *Dialogues in Clinical Neuroscience* 13, nº 3 (2011), pp. 263-78.

Shlain, Leonard. *The Alphabet versus the Goddess: The Conflict between Word and Image*. Nova York: Viking Arkana, 1998.

Simard, Suzanne. *Finding the Mother Tree: Discovering the Wisdom of the Forest*. Nova York: Alfred A. Knopf, 2021.

Sjöö, Monica e Barbara Mor. *The Great Cosmic Mother: Rediscovering the Religion of the Earth*. San Francisco: HarperOne, 1987.

Stamets, Paul. *Mycelium Running: How Mushrooms Can Help Save the World*. Nova York: Penguin Random House, 2005.

Stengers, Isabelle. *Cosmopolitics* I. Traduzido por Robert Bononno. Minneapolis: University of Minnesota Press, 2010.

Strassburg, Gottfried von. Tristan: *With Surviving Fragments of the "Tristan of Thomas."* Traduzido por A. T. Hatto. Londres: Penguin Classics, 1960.

Taylor, Thomas, trad. *The Orphic Hymns*. [pub. orig. em 1824 como *The Mystical Hymns of Orpheus*.]

Telushkin, Rabbi Joseph. *Biblical Literacy*. Nova York: William Morrow and Company, 1997.

Tolkien, J. R. R. *The Letters of J. R. R. Tolkien*. Organizado por Humphrey Carpenter. Nova York: William Morrow, 2000.

_______. *The Lord of the Rings: One Volume Edition*. Londres: HarperCollins, 1994.

_______. *Tolkien On Fairy-stories*. Organizado por Verlyn Flieger e Douglas A. Anderson. Nova York: HarperCollins, 2014.

Tolstoy, Nikolai. *The Quest for Merlin*. Londres: Little, Brown and Company, 1985.

Trzaskoma, Stephen M., R. Scott Smith e Stephen Brunet. *Anthology of Classical Myth: Primary Sources in Translation*. Indianapolis: Hackett Publishing Company, 2004.

Tsing, Anna Lowenhaupt. *The Mushroom at the End of the World: On the Possibility of Life in Capitalist Ruins*. Princeton: Princeton University Press, 2015.

Tsing, Anna, Heather Swanson, Elaine Gan e Nils Bubandt, orgs. *Arts of Living on a Damaged Planet*. Minneapolis: University of Minnesota Press, 2017.

Whatham, A. E. "The Yahweh-Tehom Myth." *The Biblical World* 36, nº 5 (1910), pp. 329-33.

Whyte, David. *Consolations: The Solace, Nourishment and Underlying Meaning of Everyday Words*. Edinburgh: Canongate Press, 2019.

Yong, Ed. *I Contain Multitudes: The Microbes within Us and a Grander View of Life*. Nova York: HarperCollins, 2016.

Yunkaporta, Tyson. *Sand Talk: How Indigenous Thinking Can Save the World*. Melbourne, Austrália: Text Publishing, 2019.

Zwicky, Jan e Robert Bringhurst. *Learning to Die: Wisdom in the Age of Climate Crisis*. Saskatchewan, Canadá: University of Regina Press, 2018.

ÍNDICE REMISSIVO